चहकता चौराहा

[रेडियो नाट्य संकलन]

चहकता चौराहा

वर्षा दास

राजकमल प्रकाशन
नई दिल्ली पटना इलाहाबाद कोलकाता

ISBN : 978-81-267-2789-6

मूल्य : ₹ 250

पहला संस्करण : 2015

प्रकाशक : राजकमल प्रकाशन प्रा. लि.
1-बी, नेताजी सुभाष मार्ग, दरियागंज
नई दिल्ली-110 002

शाखाएँ : अशोक राजपथ, साइंस कॉलेज के सामने, पटना-800 006
पहली मंजिल, दरबारी बिल्डिंग, महात्मा गांधी मार्ग, इलाहाबाद-211 001
36 ए, शेक्सपियर सरणी, कोलकाता-700 017

वेबसाइट : www.rajkamalprakashan.com
ई-मेल : info@rajkamalprakashan.com

मुद्रक : बी.के. ऑफसेट
नवीन शाहदरा, दिल्ली-110 032

CHAHAKATA CHAURAHA
Plays by Varsha Das

बीज का अंकुरण

आकाशवाणी के साथ मेरा सम्बन्ध बचपन से लेकर आज तक बना रहा है। मुम्बई के आकाशवाणी केन्द्र से प्रसारित गुजराती नाटकों में बाल-कलाकार की भूमिका निभाने का अवसर अक्सर मिलता था। एक बार गुजराती साहित्य के विख्यात लेखक ईश्वर पेटलीकर की कहानी 'लोहीनी सगाई' (खून का रिश्ता) पर आधारित नाटक में माँ की मुख्य भूमिका में थीं जानी-मानी अदाकारा दीनाबहन गांधी (पाठक), और उनकी गूँगी बेटी की भूमिका में मैं थी। निर्माता एवं निर्देशक थीं वसुबहन। बच्ची के मुँह से कोई बात नहीं, केवल तरह-तरह की ध्वनि निकालकर आनन्द, उदासी, उत्सुकता, पीड़ा व्यक्त करनी थी। उस समय तो सब कुछ बड़ा सहज लग रहा था। एक वजह यह भी थी कि वसुबहन और दीनाबहन मेरी माता जी मित्र थीं। उनसे वैसे भी अनौपचारिक वातावरण में मिलना हो जाता था, इसलिए रेडियो स्टेशन के स्टूडियो में मुझे लगा ही नहीं कि मैं कुछ विशेष कर रही हूँ। स्कूल में तो नाटकों में हिस्सा लेती रहती थी। फर्क इतना था कि रेडियो पर सब कुछ ध्वनि के द्वारा ही सम्प्रेषित करना होता है। ध्वनि की सम्प्रेषणीयता बड़ी सहजता से सीख ली थी।

फिर मुम्बई छोड़कर हम दिल्ली आ गए। आकाशवाणी के दिल्ली केन्द्र से भी नाता जुड़ गया। बच्चों के कार्यक्रमों में उन्हें कहानी सुनाना, फीचर प्रोग्राम करना, अन्य वार्ताओं एवं चर्चाओं में हिस्सा लेना इत्यादि। तब एक दिन आकाशवाणी के नाटक

विभाग के निर्माता कमल दत्त ने कहा, 'आप एक नाटक लिखकर दीजिए।' कहानियाँ तो लिखती थी, दस्तावेजी फिल्मों के लिए स्क्रिप्ट भी लिखती थी, लेकिन आकाशवाणी के लिए नाटक लिखना एक नई चुनौती थी। सबसे पहला प्रश्न तो यही था कि किस विषय पर लिखूँ? अपने अन्दर आत्मविश्वास जगाने के लिए मैंने गुजराती में लिखी हुई अपनी ही कहानी का आधार लिया। चार पृष्ठों की कहानी को विस्तृत करके आधे घंटे का नाटक बनाया। साउंड इफेक्ट्स सम्मिलित किए। बीथोवन का 'मूनलाइट सोनाटा' और 'डॉक्टर ज़िवागो' फिल्म का 'लाराज़ थीम' मेरे लिए रूमानी सृजन का मूड बनाने का एक उत्तम प्रेरक तत्त्व रहा है। इसके रिकॉर्ड ग्रामोफोन पर बजाती गई और लिखती गई। 'मूनलाइट सोनाटा' को तो उस नाटक में भी पिरो लिया था। नाटक 'प्राइम टाइम' में प्रसारित हुआ। कई सकारात्मक प्रतिभाव मिले। और फिर मैं आकाशवाणी के लिए एक के बाद एक नाटक लिखती गई। भीतर पड़े हुए बीज मानो अंकुरित होने लगे!

आकाशवाणी से प्रसारित समाज कल्याण के कार्यक्रमों में भी कमल दत्त ने मुझसे नाटक लिखवाए। सामाजिक सरोकारों की बातें, कुरीतियों और अन्धविश्वासों का विरोध, शिक्षा का महत्त्व, महिला सशक्तीकरण इत्यादि के सन्देशों को बुनते हुए नाटक लिखे, जो कई कड़ियों में प्रति सप्ताह प्रसारित होते थे। अन्य भाषा के दो कहानीकारों की कहानियों का भी नाट्य-रूपान्तरण किया।

इन सभी नाटकों की पांडुलिपियाँ घर की एक अलमारी के अँधेरे कोने में पड़ी थीं। मानो फॉसिल—जीवाश्म—बन गई थीं। मैं तो उनका अस्तित्व भी भूल गई थी। दो-ढाई वर्ष पूर्व अहमदाबाद स्थित गुजरात विद्यापीठ के 'अनुवाद प्रतिष्ठान' ने ओड़िया से गुजराती में किए गए मेरे अनुवादों को एक पुस्तक के रूप में प्रकाशित करना चाहा। विभिन्न पत्रिकाओं में छपे हुए अनुवादों को ढूँढ़ रही थी तब एक फोल्डर में आकाशवाणी के

लिए लिख गए नाटकों की पांडुलिपियाँ हाथ में आईं। उन्हें देखा और उसी कोने में वापिस रख दिया।

कुछ वर्षों पूर्व राजकमल प्रकाशन के अशोक महेश्वरी ने मेरी कविताओं की पुस्तक प्रकाशित करने की इच्छा व्यक्त की थी। कविताओं को व्यवस्थित करने का समय अभी तक नहीं मिल पाया है। दो वर्ष पूर्व एक दिन एक कार्यक्रम में अशोक जी से भेंट हो गई। मैंने उनसे कहा कि कविताएँ अभी तक एकत्रित नहीं कर पाई हूँ लेकिन उन्हें यदि रेडियो-नाटकों में रुचि हो तो उसकी पांडुलिपि दे सकती हूँ। उन्होंने हामी भरी और वह फोल्डर जीवाश्म न रहकर फिर से जीवित हो गया! आज उन्हीं के कारण 1970-80 के दशक में लिखे गए तीन नाटक पुस्तकों के आकार में प्रकाशित हो रहे हैं। मैं अशोक जी की आभारी हूँ। और कमल दत्त के प्रति भी आभार प्रकट करती हूँ। आशा करती हूँ कि लेखन और उसके प्रकाशन के बीच कुछ दशकों का फासला होते हुए भी पाठक इन रेडियो-नाटकों को पसन्द करेंगे।

01-01-2015 **—वर्षा दास**

नई दिल्ली

अनुक्रम

बसन्त 11

नया सवेरा 40

चहकता चौराहा 96

बसन्त

पात्र-परिचय

हवलदार	पुरुष
बाबूलाल	पुरुष
अनामिका	महिला
मि. मेहता	पुरुष
मि. माथुर	पुरुष
सोमा	महिला
शोभा	महिला
रमेश	पुरुष

दूर से लोगों की आवाज़ें : कलेक्टर साहब की जय!
कलेक्टर साहब की जय!

(दूर से गाड़ियों के हॉर्न। पुलिस भीड़ को शान्त कर रही है।)

पुलिस : एक तरफ़ हो जाइए। पीछे हटिए। सा'ब की गाड़ी आ रही है।

बाबूलाल : *(दबी आवाज़ से)* सुना है नए कलेक्टर सा'ब औरत हैं। यह सच है क्या?

पुलिस : भई, सुना तो हमने भी है। अब देखें तो पता चलेगा।

बाबूलाल : हवलदार जी, क्या इतने बड़े ज़िले को एक औरत सँभाल पाएगी? यहाँ तो जब देखो तब दंगे हो जाते हैं।

पुलिस : सुना है ये मैडम बड़ी ताक़तवाली है।

बाबूलाल : चाहे कितनी भी ताक़त हो, आख़िर हैं तो औरत ही।

(गाड़ी के हॉर्न की आवाज़ नज़दीक आती है। ज़ोर से ब्रेक लगती है। फटाफट दरवाज़े खुलते हैं, बन्द होते हैं। दो-चार लोगों की जूतियों की तेज़ आहट नज़दीक से दूर जाती है।)

पुलिस : देख लिया मैडम को।

बाबूलाल : बड़ी तेज़ दिखाई देती हैं।

पुलिस : अरे भई, ऐसे तो कई आए और गए। कलेक्टरी कोई गुड्डे-गुड्डी का खेल थोड़े ही है?

बाबूलाल : पिछले कलेक्टर साहब तो परेशान होकर दुम दबाकर भाग गए थे। *(ज़ोर से हँसता है। पुलिसवाला भी हँसता है।)*

पुलिस : वैसे उनके भाग जाने की वजह तो कुछ और थी। पर बाबूलाल, इनकी काफ़ी तारीफ़ सुनी है।

बाबूलाल : और उन्होंने भी हमारे ज़िले की काफ़ी तारीफ़ सुन ली होगी। *(हँसता है)*

पुलिस : हर दूसरे दिन अख़बारों में हमारा ज़िला ही जगह घेरे होता है।

बाबूलाल : लेकिन बात तो शर्म की ही है हवलदार जी! कहीं शराब की भट्ठी पकड़ी गई, तो कहीं दहेज़ में किसी की बिटिया जल गई। कहीं मज़दूरों की मारपीटाई हुई। ख़ैर, हवलदार जी, आपकी ड्यूटी क्या मैडम के दफ़्तर में लगी है?

पुलिस : लगी तो है, लेकिन बाहर ही बाहर।

बाबूलाल : माल तो इसी में मिलता है न?

पुलिस : *(ग़ुस्से से)* क्या मतलब?

बाबूलाल : हें... हें... अब आपको प्रसाद चढ़ाए बग़ैर कोई अन्दर थोड़े ही जा सकता है?

पुलिस : नहीं भई, अब ज़माना बदल गया है। सुना है, नई मैडम इन मामलों में बड़ी सख़्त हैं।

बाबूलाल : लेकिन हवलदार जी, हें... हें... मैडम तो अन्दर रहेंगी, और आप बाहर... *(ज़ोर से हँसता है।)*

पुलिस : चुप बे। वह देख, मैडम आ रही हैं।

(गाड़ी का दरवाज़ा खुलता है। बन्द होता है। लोगों की चहल-पहल। फुसफुसाहट।)

अनामिका : अच्छा मि. मेहता, तो मैं आधे घंटे में लौट आती हूँ।

मेहता : ऐसा कुछ अर्जेंट नहीं है मैडम। और फिर आप आज ही आई हैं। आज का दिन आराम कर लीजिए।

अनामिका : मैं बिल्कुल फ्रेश हूँ। मुझे आराम की ज़रूरत नहीं है। *(हँसकर)* हाँ, आप आराम करना चाहें तो ज़रूर घर चले जाइए। सुबह से मेरे स्वागत के इन्तज़ाम में जो लगे हैं।

मेहता : *(झेंपकर)* नहीं-नहीं मैडम! ऐसी कोई बात नहीं है। आप घर हो आइए। मैं यहीं हूँ।

अनामिका : अच्छी बात है। ड्राइवर सा'ब, चलिए।

(गाड़ी के दरवाज़े खुलते हैं। बन्द होते हैं। गाड़ी चलती है। हॉर्न बजता है।)

मेहता : सुनो हवलदार! यहाँ तुम्हारी ड्यूटी है क्या?

पुलिस : जी सा'ब।

मेहता : और कौन है?

पुलिस : और... और...

मेहता : क्यों, यहाँ कम से कम दो जने होने चाहिए। मैंने पहले ही कह रखा था। दूसरा कौन है?

पुलिस : जी सा'ब, दूसरा दीपचन्द है।

मेहता : वो कहाँ मर गया?

पुलिस : सा'ब, वो कल से आएगा। आज उसके घर अचानक मेहमान आ गए।

मेहता : *(बनकर)* मेहमान आ गए? उस बेवकूफ़ को बता देना कि अब वो पहलेवाली बात नहीं चलेगी। समझ गए?

पुलिस : जी सा'ब। समझ गया। मैं बता दूँगा।

(मेहता भीतर चला जाता है।)

बाबूलाल : हवलदार जी, इस नई मैडम ने तो आते ही सबको हिला दिया लगता है।

पुलिस : अरे, तुम अभी यहीं हो क्या?

बाबूलाल : जी, मैडम बाहर आ रही थीं तब मैं उस खम्भे की ओट में खड़ा रह गया था। क्या रोब है कलेक्टर सा'ब का! मुझे तो यक़ीन हो गया है कि हमारे ज़िले की तक़दीर बदल जाएगी।

पुलिस : यह मेहता जिस तरह से बोल रहा है, वह देखकर मुझे भी लगता है कि हवा बदल रही है।

बाबूलाल : मैडम को आने में आधा घंटा तो लग ही जाएगा। आओ, उस कोनेवाले होटल से चाय पी आते हैं।

पुलिस : नहीं भाई, तुम जाओ। अब तो डर लग रहा है कि ज़रा-सी चूक हो गई तो नौकरी चली जाएगी।

बाबूलाल : ठीक है हवलदार सा'ब। आप ड्यूटी कीजिए, मैं चलता हूँ।

(दृश्य परिवर्तन)

(अनामिका दास का ऑफ़िस। टेबल पर टेली.फोन की घंटी बजती है।)

अनामिका : हलो! जी। ...जी। ...जी। ...मुझे पूरे आँकड़े चाहिए और उस केस के सारे काग़ज़ात चाहिए। कब तक मिलेंगे?... ठीक है। आप कल सुबह 10 बजे मेरे दफ़्तर में आ जाइए।

(.फोन रखती है। टेबल पर रखी हुई घंटी बजाती है। कमरे का दरवाज़ा खोलकर चपरासी आता है।)

अनामिका : मि. मेहता को बुलाओ।

(दरवाज़ा बन्द होने की आवाज़)

मेहता : *(दरवाज़ा खोलकर आता है)* मैडम, आपने याद किया?

अनामिका : जी हाँ, मि. मेहता। कल सुबह 10 बजे यहाँ के कॉलेज के प्रिंसिपल मि. लोबो मुझसे मिलने आ रहे हैं। वह बता रहे थे कि उनका कॉलेज जिस सोसायटी का है उसके ट्रस्टियों ने उन्हें दुखी कर रखा है। क्या आप इस कॉलेज के बारे में कुछ बता सकते हैं?

मेहता : *(झिझकता हुआ)* मैडम, बात दरअसल यह है कि... वैसे हम इसमें न ही पड़ें तो अच्छा।

अनामिका : क्यों? ऐसी भी क्या बात है?

मेहता : *(झिझककर)* ऐसा है मैडम कि जो सोसायटी इस कॉलेज को चलाती है उसमें बड़े इन्फ्लुएंशियल लोग हैं।

अनामिका : ऐसे भी कौन लोग हैं? उनके नाम बताइए।

मेहता : मैडम, आप कहें तो मैं कॉलेज से उनकी लिस्ट मँगवा दूँ। आप ख़ुद ही देख लीजिएगा।

अनामिका : देखिए मि. मेहता, आप जिस तरह झिझक रहे हैं उससे एक बात तो साफ़ दिखाई देती है कि आप उनमें से कुछ लोगों को बहुत अच्छी तरह जानते हैं।

मेहता : जी, सभी को नहीं... बस, सिर्फ़ एक-दो को।

अनामिका : और शायद आप भी उन लोगों से किसी-न-किसी स्तर पर जुड़े हैं।

मेहता : *(घबराकर)* नहीं-नहीं मैडम, सवाल ही नहीं है। सवाल ही नहीं है।

अनामिका : तो फिर यह झिझक, यह डर क्यों?

मेहता : मैडम... *(गला साफ़ करता है)*

अनामिका : देखिए मि. मेहता, यहाँ आने से पहले मैंने इस ज़िले के बारे में काफ़ी जानकारी हासिल कर ली है। और मैंने भी मन-ही-मन कुछ निश्चय किए हैं। आप अगर मुझे सहकार

देंगे तो हमें जनता की दुआएँ मिलेंगी, शासन से पुरस्कार मिलेगा। और यदि आपका व्यवहार उससे उलटा रहा तो आगे क्या करना चाहिए, यह मैं अच्छी तरह जानती हूँ।

मेहता : मैडम, मैं आपके साथ ही हूँ। लेकिन...

अनामिका : देखिए मि. मेहता, आपको किसी से डरने की ज़रूरत नहीं है। मैं हमेशा आपकी रक्षा करूँगी। आपका कोई कुछ नहीं बिगाड़ सकता।

मेहता : जी मैडम। जी...

अनामिका : तो फिर उन लोगों के नाम बताइए जिनसे आप डरते हैं। और उनकी उन करतूतों के बारे में भी बताइए जिनको छिपाया जा रहा है।

मेहता : मैडम, बात दरअसल यह है कि...

अनामिका : *(खीजकर)* अब आगे भी चलिए...

मेहता : जी, जी मैडम। यहाँ पर आपसे पहले जो कलेक्टर सा'ब थे न, उनके ससुर जी इस कॉलेज के मुख्य कर्ताधर्ता हैं।

अनामिका : तब तो काम ठीक से चलाने में कोई दिक़्क़त ही नहीं होनी चाहिए।

मेहता : जी हाँ, लेकिन वो ज़रा अलग तरह के हैं। उन्होंने कॉलेज के फंड का भारी घोटाला किया है। कलेक्टर साहब के ससुर होने के कारण कोई उनकी ओर उँगली भी नहीं उठाता। सब चुप रहते हैं।

अनामिका : ये तो शिक्षा-संस्था के प्रति, युवा विद्यार्थियों के प्रति घोर अन्याय है। कलेक्टर साहब के ससुर तो क्या, ख़ुद कलेक्टर भी अपना फ़र्ज़ भूल जाए, ऐसे भ्रष्टाचार में साथ दे तो उसके ख़िलाफ़ क़ानूनी कार्रवाई होनी ही चाहिए। अच्छा, मि. मेहता, यह तो बताइए कि इस ससुर के दामाद को यह सब मालूम था?

मेहता : जी हाँ मैडम, उन्हीं की मदद से तो गड़बड़ियाँ होती थीं। प्रशासन के दाँवपेंच में दामाद माहिर थे। ससुर जी ने उसका पूरा फ़ायदा उठाया। यहाँ तक कि उनकी अपनी

तो तीन–मंज़िला कोठी बन ही गई, दामाद के दो साल के बेटे के नाम पर भी दो मंज़िला कोठी बन गई!

अनामिका : *(ग़ुस्से से)* व्हाट नॉनसेंस! बात यहाँ तक पहुँच गई और लोग सोते रहे? आँखें मूँदे रहे?

मेहता : मैडम, कलेक्टर सा'ब बहुत ही ग़ुस्सेवाले थे। सरकारी नौकरीवालों की रिपोर्ट बिगाड़ना, शहर के किसी भी तबके के किसी भी व्यक्ति की नाक में दम कर देना वो अच्छी तरह जानते थे। इसीलिए उनकी दुश्मनी मोल लेना कोई भी नहीं चाहता था।

अनामिका : *(टेबल पर हाथ पटककर खड़ी हो जाती है)* मेरा तो ख़ून खौल उठता है। मि. मेहता, उस कॉलेज और उस सोसायटी से सम्बन्धित सारे काग़ज़ात मेरे पास भेज दीजिए। इसके अलावा मैं उस ससुर जी के पिछले पाँच वर्ष के इन्कमटैक्स रिटर्न्स देखना चाहती हूँ।

मेहता : जी मैडम!

(टेलीफ़ोन की घंटी बजती है। बजती ही रहती है।)

मेहता : मैडम, फ़ोन।

अनामिका : ओह! हाँ–हाँ... सॉरी... मैं सोच में पड़ गई थी।

(फ़ोन उठाती है।)

हलो! जी... जी हाँ मि. माथुर।...हँ... हँ... मैं ही आऊँगी। मुझे उस तहसील का दौरा करना ही था। वैसे मैंने उसे अगले महीने पर टाल दिया था लेकिन आपका फ़ोन आ गया तो आज दोपहर को ही निकलं पड़ेंगे। ...जी... ठीक है। आज...तीन बजे। ...अच्छा...नमस्कार। *(फ़ोन रखती है।)*

अनामिका : अच्छा मि. मेहता, सोनापुर तहसील के विकास कार्यक्रमों के बारे में आपकी क्या राय है?

मेहता : वो इलाक़ा इस ज़िले का सबसे पिछड़ा हुआ इलाक़ा है।

अनामिका : सबसे ज़्यादा पिछड़ा हुआ?

मेहता : जी मैडम!

अनामिका : वहाँ की साक्षरता दर क्या है?

मेहता : केवल 24 प्रतिशत।

अनामिका : केवल 24? और महिलाओं की? ज़ीरो?

मेहता : यूँ ही समझिए।

अनामिका : तभी तो सचमुच पिछड़ा हुआ है। लोगों को अक्षर ज्ञान और विकास का सम्बन्ध न जाने किस जनम में समझ आएगा। ऐसा ही चलता रहा तो एक दिन इस सोनापुर की वजह से ही संसार के सामने हमारी नाक कट जाएगी।

मेहता : मैडम, वहाँ केवल शिक्षा की ही नहीं, हर तरह की समस्या है। मज़दूरों का वेतन, स्वास्थ्य सुविधाओं का अभाव, प्रचुर अन्धश्रद्धा, शोषण, ग़रीबी, गन्दगी... क्या नहीं है?

अनामिका : तो कलेक्टर साहब उस तहसील के दौरे पर नहीं जाते थे क्या?

मेहता : *(झिझककर)* मैडम, सोनापुर में ही तो उनके ससुर की ज़मींदारी है। वहाँ के राजा ही समझ लीजिए।

अनामिका : ओह नो! ऐसे धूर्त लोगों को मूर्ख और अज्ञान जनता ही चाहिए। (सोचती है) हँ... मैंने आज ही वहाँ जाने का तय किया, वह एक तरह से अच्छा ही हुआ। मि. मेहता, आप भी साथ चलेंगे?

मेहता : आप जैसा कहें।

अनामिका : अँ... नहीं, पहला दौरा मैं ही कर आती हूँ। और फिर मि. माथुर तो हैं ही। आप ज़रा चपरासी से कह दीजिए मेरी गाड़ी निकलवाने को।

मेहता : जी मैडम।

(मेहता जाता है। अनामिका टेलीफ़ोन घुमाती है। रिंग बजती है।)

अनामिका : मि. लोबो से बात करनी है। मैं मिसिस दास बोल रही हूँ।
(थोड़ी-सी शान्ति। अनामिका अपना गला साफ़ करती है।)

अनामिका : हाँ, मि. लोबो? आप कल सुबह 10 बजे मेरे दफ़्तर में आनेवाले थे न? आप ऐसा कीजिए, उन सारे काग़ज़ात के साथ आप मेरे घर पर सुबह आठ बजे आ जाइए। सुबह का नाश्ता हम साथ करेंगे। ...ठीक है ना? तो फिर कल मिलेंगे। नमस्कार। (फ़ोन रखती है। कमरे से बाहर निकल जाती है।)

(दृश्य परिवर्तन)

(अनामिका गाँव सोनापुर आई है। चारों ओर सन्नाटा है। केवल पक्षियों की आवाज़ आती है। कभी-कभार कुत्ते भौंकते हैं।)

अनामिका : मि. माथुर। यह क्या? यहाँ ऐसा सन्नाटा क्यों है? लोगों की चहल-पहल नहीं। बच्चों की किलकारियाँ नहीं। लगता है, जैसे भयानक तूफ़ान ने सब कुछ तबाह कर दिया हो।

माथुर : मैडम आप बिल्कुल ठीक कह रही हैं। यहाँ हमेशा ऐसा ही रहता है।

अनामिका : लेकिन लोग कहाँ हैं? औरतें कहाँ हैं?

माथुर : पुरुष वर्ग मज़दूरी करने जाता है। सबके सब कहने को तो दिहाड़ी पर मज़दूरी करते हैं लेकिन उनके साथ जो व्यवहार किया जाता है, वह बँधुआ मज़दूर जैसा है।

अनामिका : क्यों? सरकार के विकास कार्यक्रमों के बारे में यहाँ के लोगों को कुछ मालूम भी है? उनकी हिफ़ाज़त के लिए जो क़ायदे-क़ानून हैं, उसके बारे में कुछ जानते हैं? प्रशासन क्या कर रहा है?

माथुर : यहाँ केवल एक व्यक्ति का शासन है जो प्रशासन को भी निगल कर हज़म कर गया है।

अनामिका : वह कौन है? वही श्रीमान पंचमलाल?

माथुर : *(आश्चर्य से)* जी मैडम। आप उन्हें जानती हैं?

अनामिका : नहीं। उनके बारे में आज ही सुना। लेकिन और भी जानना चाहती हूँ। ख़ैर, यहाँ की औरतें कहाँ हैं? बच्चे? बच्चे स्कूल नहीं जाते?

माथुर : पुरुषों के साथ औरतें भी मज़दूरी करने जाती हैं। और उनको वेतन के नाम पर जो मिलता है वह सुनकर आपके रोंगटे खड़े हो जाएँगे। पुरुष को आठ रुपया दिहाड़ी मिलती है। औरत को एक मुट्ठी अनाज। बच्चे बहुत छोटे हों तो माँ साथ ले जाती हैं। बड़े हों तो उनको भी काम पर लगाया जाता है। इसीलिए यह गाँव श्मशान जैसा है।

अनामिका : नहीं-नहीं, ये नहीं हो सकता। इस समय कितने बजे हैं?

माथुर : पाँच बज रहे हैं।

अनामिका : लोग कितने बजे लौटेंगे?

माथुर : बस, अब लौटने ही चाहिए। सुबह पाँच बजे जाते हैं।

(बैलों को हाँकने की, उनके गले में बँधी घंटी की आवाज़ें आती हैं। छोटे बच्चों के रोने की और कुत्तों के भौंकने की आवाज़ें आती हैं।)

अनामिका : लगता है लोग आ रहे हैं। मरे हुए इस गाँव के शरीर में जैसे प्राण आ गए।

माथुर : लेकिन इन प्राणों में जीने की ताक़त नहीं है। साँस लेने की ताक़त भी नहीं है। ये तो घुट-घुट कर जी रहे हैं।

अनामिका : वह देखो, कुछ औरतें इस तरफ़ आ रही हैं। ज़िन्दगी में आज मैंने पहली बार देखा कि चार-छह औरतें एक साथ चल रही हों और आपस में बात भी न करें।

(लोगों की भीड़ नज़दीक आती है। अनामिका औरतों के पास जाती है।)

अनामिका : नमस्कार बहनें।

(औरतें चौंककर खड़ी रह जाती हैं। साथ चल रहा एक पुरुष–हरखू नमस्कार कहता है।)

माथुर : मैडम को नमस्कार तो कर लो! सिर नीचे करके क्यों खड़ी हो?

(औरतें आपस में फुसफुसाती हैं। एक औरत सोमा आगे आती है।)

सोमा : नमस्कार बहन जी।

अनामिका : क्या नाम है तुम्हारा?

सोमा : सोमा।

अनामिका : और ये सब कौन हैं?

सोमा : ये सब इसी गाँव की हैं।

अनामिका : तुम कहाँ से आ रही हो?

सोमा : खेत से।

अनामिका : अब क्या करोगी?

सोमा : अब ये जौ पकावेंगी। बच्चन को खिलावेंगी।

अनामिका : और तुम क्या खाओगी?

सोमा : हम? उसका पानी हम पिवेंगी।

अनामिका : और फिर क्या करोगी?

सोमा : फिर बर्तन माँज के मालिक के घर जावेंगी।

अनामिका : वहाँ क्यों जाती हो?

सोमा : बड़ी मालकिन का पैर दबाने।

अनामिका : आज न जाओ तो?

सोमा : हाय रे दैया! बड़ा अनरथ हो जावेगा।

अनामिका : ठीक है। तुम बहुत थकी दिख रही हो। जाओ, घर जाओ।

(औरतें चली जाती हैं।)

अनामिका : मि. माथुर, ये बड़ी मालकिन यानी वो कलेक्टर सा'ब की सास?

माथुर : नहीं–नहीं, वो थोड़े ही इस गाँव में रहेगी?

अनामिका : तो फिर?

माथुर : उनका चमचा—*(एकदम से रुक जाता है।)* सॉरी मैडम।

अनामिका : *(ज़ोर से हँस पड़ती है)* समझ गई। उस मालिक के हित का रखवाला। क्या नाम है उसका?

माथुर : रमेश—रमेश जैसा कुछ है।

अनामिका : वहीं चलें? वहाँ सोमा से भी दुबारा भेंट हो जाएगी।

माथुर : चलिए।

अनामिका : आप उनको बताएँगे नहीं कि मैं कौन हूँ। समझ गए न?

माथुर : जी मैडम।

(दृश्य परिवर्तन)

(रेडियो पर फ़िल्मी गाने बज रहे हैं। एक औरत–शोभा–की तीखी आवाज़ सुनाई देती है।)

शोभा : कहाँ मर गई सोमा? अभी तक नहीं आई? जा तो सनिया, दौड़ के बुला ला। *(एकदम से रुक जाती है)* अरे! ये कौन यहाँ आ रहे हैं?

(चलकर आगे आती हैं। पैरों में पायल और हाथ में चूड़ियों की खनखनाहट सुनाई देती है। बड़े रोब से पूछती है।)

जी! कहाँ से आ रहे हो? किससे मिलना है?

अनामिका : आप ही से मिलना है। मेरा नाम अनामिका दास है और यह हैं मि. माथुर।

शोभा : आपको पहले तो कभी नहीं देखा?

अनामिका : जी हाँ, मैं इस गाँव में पहली बार आई हूँ।

शोभा : *(चिल्लाकर)* अरे सनिया, उधर से दो कुर्सियाँ तो उठा ला। और दो गिलास पानी भी ले आ।

(सनिया दौड़कर जाता है। कुर्सियाँ लगाता है। सब बैठते हैं।)

अनामिका : आपने अपना नाम नहीं बताया।

शोभा : मैं? मैं हूँ बड़ी मालकिन। सारा गाँव मुझे इसी नाम से बुलाता है।

अनामिका : और बड़े मालिक भी होंगे।

शोभा : हाँ, वो? *(शरमाकर)* वो तो अभी लौटे नहीं। शाम के टाइम मज़दूरों को पैसे देने होते हैं न?

अनामिका : अच्छा? तो आप लोग ज़मींदार हैं।

शोभा : हाँ, यूँ ही समझिए। लो सोमा आ गई। कहाँ मर गई थी? आ, जल्दी से पैर दबा।

(सोमा आती है। अनामिका को देखकर दबी आवाज़ से बोलती है।)

सोमा : बहन जी नमस्ते।

अनामिका : नमस्ते सोमा। कुछ खाया भी या वैसे ही चली आई?

शोभा : अरे, आप लोग इसे जानते हैं?

अनामिका : अभी-अभी मिले थे।

शोभा : इसने आपसे बात की?

अनामिका : इसकी आवाज़ तो आपने बन्द कर रखी है। ये बोलेगी क्या?

शोभा : क्या मतलब?

अनामिका : मतलब, इसे आपके पास आने की जल्दी थी। वह हमसे बात करने कैसे रुक सकती थी?

शोभा : अब देखिए, मेरे पास वक़्त नहीं है। आप लोग जाइए।

अनामिका : मुझे बड़े मालिक के दर्शन भी करने हैं।

शोभा : वो बेचारे खेत से थके–माँदे आएँगे। उनका वक़्त मत बर्बाद करो। फिर किसी दिन आ जाना। अभी जाओ। अरे सोमा, तू देख क्या रही है? पैर दबा! ...हँ...ऐसे।

(चूड़ी और पायल की खनकार धीमी–धीमी लगातार सुनाई देती है।)

शोभा : थोड़ा–सा कमर की ओर भी दबा दे। हँ...हँ... और उधर। हँ...।

सोमा : बड़े मालिक आ गए। मैं जाऊँ?

शोभा : हाँ जा, लेकिन कल जल्दी से आ जाना। इतनी देर न करना।

अनामिका : सोमा, तुम्हारा घर कहाँ है?

सोमा : उस बड़े पीपल के पीछे।

अनामिका : बाद में मैं तुम्हारे घर आऊँगी।

सोमा : नहीं बहन जी, मेरे पास तो आपको बिठाने को भी कुछ नहीं है।

अनामिका : तुम उसकी चिन्ता मत करो। अब जाओ, जाकर आराम करो।

(सोमा जाती है। रमेश आता है।)

रमेश : अरे मि. माथुर? आप आज रास्ता कैसे भूले? शोभा, तुम अन्दर जाकर चाय भेजो, हम सबके लिए।

शोभा : *(चूड़ियाँ खनखनाती हुई)* तुम इनको जानते हो?

रमेश : अरे, ये तो बी.डी.ओ. सा'ब हैं। और आपका परिचय नहीं हुआ।

अनामिका : मैं मि. माथुर के घर मेहमान हूँ। शहर से आई हूँ।

माथुर : तो रमेश जी, कारोबार कैसे चल रहा है?

रमेश : लोगों की दानत बिगड़ती जा रही है। पहले दस घंटे में जितना काम निकालते थे, अब उससे आधा भी नहीं निकलता।

माथुर : ऐसा क्यों?

रमेश : बेईमानी, लबाड़ी, और क्या? जो पूरे देश में होता है वह सोनापुर में भी होना है।

अनामिका : ये लोग कितने घंटे काम करते हैं?

रमेश : उनसे पूछो तो कहेंगे कि बारह घंटे, लेकिन, हक़ीक़त में मुश्किल से छह घंटे का काम निकलता है।

अनामिका : इन मज़दूरों से काम लेनेवाला कोई सुपरवाइज़र, यानी जमादार जैसा भी तो आपने रखा होगा?

रमेश : हाँ...रखा तो है, पर साले सब आपस में मिले होते हैं।

अनामिका : तब तो आपको बड़ी परेशानी होती होगी?

रमेश : अब क्या बताएँ। परेशानी ही परेशानी है। इन गधों को पढ़ना-लिखना और हिसाब तो आता नहीं। कभी-कभी एकाध, अपने को हीरो समझकर मुझसे हिसाब माँगता है।

अनामिका : फिर आप क्या करते हैं?

रमेश : कुछ नहीं। ज़ोर से डाँट दिया तो हीरो की हवा निकल जाती है। बड़ा आया हिसाब माँगने।

(चाय लेकर शोभा आती है। शोभा की पायल-चूड़ियाँ फिर से सुनाई देती हैं। वह सभी को चाय का प्याला थमाती है।)

रमेश : अरे, कुछ नमकीन भी तो लाओ। मिठाई लाओ। बी.डी.ओ. सा'ब आए हैं। कुछ समझती भी हो या नहीं?

शोभा : जी... जी... अभी लाई। *(चली जाती है।)*

अनामिका : वैसे इस गाँव में रोटी कमाने का और कोई साधन है क्या?

रमेश : *(ज़ोर से हँसता है)* ये सारा गाँव ही तो हमारा है। रोटी देनेवाले हम और छीननेवाले भी हम। *(फिर से हँसता है।)* ये कहाँ जाएँगे? कभी कोई भौंकने की कोशिश करे तो उसका मुँह बन्द करना हम जानते हैं। *(हँसता है।)*

माथुर : मैडम का मतलब था सरकारी विकास कार्यक्रमों से।

रमेश : *(हँसकर)* ये बी.डी.ओ. सा'ब ने बिचारे ने बड़ी कोशिश की कि हमारे कुछ मज़दूर किसी और काम में लगें लेकिन ये सारी जनता हमें छोड़ना ही नहीं चाहती।

अनामिका : यह सच है क्या मि. माथुर?

माथुर : बात दरअसल ये है कि लोग कहते हैं, "भाई, आपका क्या भरोसा? आज आप इस कुर्सी पर हैं, कल और कोई आएगा। आज सरकार कुछ कार्यक्रम चला रही है, कल बन्द कर देती है। ऐसी स्थिति में हम न यहाँ के रहेंगे न वहाँ के।"

रमेश : *(ज़ोर से हँसकर)* फिर तो धोबी का कुत्ता, न घर का न घाट का।

(शोभा की पायल-चूड़ियों की खनखनाहट, कप-प्लेट की आवाज़।)

रमेश : ये लीजिए गरम-गरम पकौड़े। और ये...अरे वाह! सूजी का हलवा। लीजिए, लीजिए।

अनामिका : आपकी पत्नी अच्छी गृहिणी मालूम होती हैं।

रमेश : जी हाँ, घर का कारोबार वह देख लेती है और बाहर का मैं। तभी तो हम दिन-ब-दिन तरक़्क़ी कर रहे हैं। हलवा लीजिए। शुद्ध घी का बना है। घर का घी है। ऐसा स्वाद और कहीं नहीं मिलेगा।

अनामिका : जी धन्यवाद।

(प्लेट-चम्मच की आवाज़ें।)

रमेश : तो मैडम, आप क्या यहाँ पहली बार आई हैं?

अनामिका : जी हाँ। सोनापुर बड़ा दिलचस्प गाँव है। फिर से आना ही पड़ेगा।

रमेश : जी हाँ, आप सीधे यहीं चले आना। अगली बार और भी बढ़िया चीज़ें खिलाऊँगा। *(ज़ोर से हँसता है।)*

अनामिका : जी धन्यवाद। मि. माथुर, अब चला जाए।
माथुर : जी मैडम।

(दृश्य परिवर्तन)

(अँधेरे रास्ते में चलते समय पैरों तले सूखे पत्ते कुचलते हैं। कहीं-कहीं कुत्ते भौंकते हैं।)

अनामिका : क्या टाइम हुआ मि. माथुर?
माथुर : मैडम... *(घड़ी देखकर)* इस वक़्त साढ़े सात-पौने आठ बज रहे हैं।
अनामिका : दो मिनट सोमा के घर हो आते हैं।
माथुर : जी मैडम।

(फिर से चलने की आवाज़।)

अनामिका : उसने पीपल के पेड़ के पीछे की झोंपड़ी बताया था। तब तो यही होनी चाहिए।
माथुर : जी हाँ, ये रहा पीपल का पेड़ और ये झोंपड़ी।
अनामिका : बिल्कुल अँधेरा है। अँधेरे में क्या कर रही होगी? उसके बच्चों की आवाज़ भी नहीं आ रही।

(झोंपड़ी का दरवाज़ा खटखटाती है। ऊपर लगी लोहे की ज़ंजीर की आवाज़ आती है। अन्दर से उनींदी आवाज़ में सोमा बोलती है।)

सोमा : कौन है आधी रात में?
अनामिका : सोमा, सो गई क्या?

(सोमा किवाड़ खोलती है। किवाड़ की चूँ-चूँ आवाज़ आती है।)

सोमा : ओह, बहन जी आप! इतनी रात गए?

अनामिका : रात हो गई क्या? अभी तो आठ भी नहीं बजे।

माथुर : ये लोग बड़ी सुबह निकल जाते हैं। इनसे दिन भर ख़ूब काम लिया जाता है। बेचारे थक के चूर हो जाते हैं।

अनामिका : मि. माथुर, मुझे सोमा से बहुत सारी बातें करनी हैं। इसका प्रबन्ध कैसे करें? सोमा, तुम अभी सो जाओ। मैं कल आऊँ क्या?

सोमा : कल? सुबह तो अँधेरे में हम खेत जावेंगे।

अनामिका : तो शाम को आऊँ?

सोमा : शाम को बच्चे और बड़ी मालकिन।

अनामिका : यानी तुम्हारे पास दस मिनट बैठने का भी वक़्त नहीं?

सोमा : हम बैठ तो जावें, पर हमारे जौ में कटौती हो जावेगी। फिर बच्चन को का खिलावेंगे?

अनामिका : दिस इज़ रिडिक्युलस! मि. माथुर, आप कल उस बड़े मालिक रमेश से बात करके सोमा को अपने दफ़्तर में बुला लीजिए। मैं भी आ जाऊँगी। सोमा के साथ बात करना बहुत ज़रूरी है।

माथुर : जी मैडम।

अनामिका : जाओ सोमा, अब सो जाओ। कल ये साहब तुम्हें अपनी गाड़ी में दफ़्तर ले जाएँगे। तुम्हारे बड़े मालिक से छुट्टी ले लेंगे। ठीक है? और तुम दिहाड़ी की चिन्ता नहीं करना। वो मैं दे दूँगी।

सोमा : जी बहन जी।

अनामिका : अब अन्दर जाकर किवाड़ बन्द कर दो।

(सोमा अन्दर जाकर किवाड़ बन्द करती है। किवाड़ की चूँ चूँ और ज़ंजीर की आवाज़।)

अनामिका : चलिए मि. माथुर। आज मैंने आपको भी देर करा दी।

माथुर : जी नहीं मैडम। मैं तो जब दौरे पे निकलता हूँ तब आधी रात से पहले घर नहीं लौटता।

(गाड़ी के दरवाज़े खुलते-बन्द होते हैं। गाड़ी चलती है।)

(दृश्य परिवर्तन)

(अनामिका मि. माथुर के दफ़्तर में।)

अनामिका : *(कमरे में आते हुए)* मि. माथुर, मुझे देर तो नहीं हुई? सोमा कहाँ है?

माथुर : सोमा नहीं आई।

अनामिका : व्हॉट नॉसेंस! क्यों? क्यों?

माथुर : उसका बड़ा मालिक ज़ालिम है। आपके बारे में रमेश को कुछ शक हो गया है। उसने मुझसे कहा कि अभी कटाई का वक़्त है। सोमा कहीं नहीं जा सकती। और अगर वह गई तो उसका दाना-पानी बन्द हो जाएगा।

अनामिका : ओह नो! ये लोग शायद शरीर से ही इनसान हैं। भीतर से बिल्कुल हैवान।

माथुर : आपने ठीक ही कहा मैडम। सोमा को भूल जाइए। कुछ और सोचते हैं।

अनामिका : नहीं, सोमा अब मेरे लिए केन्द्रबिन्दु है। जो कुछ भी होगा उसी के आसपास होगा। जिस दिन सोमा के ओठों पर हँसी आएगी उस दिन उस वीरान सोनापुर में बसन्त आएगा।

माथुर : मैडम, सोनापुर में बसन्त? असम्भव है।

अनामिका : अगर सोमा का साथ हो तो बसन्त को कोई नहीं रोक सकता।

माथुर : मैडम, ऐसा करते हैं। आज हम पाँच बजे के क़रीब सोनापुर चलते हैं। सोमा की झोंपड़ी के आसपास उसका इन्तज़ार करते हैं। जब वह खाना बनाएगी, बच्चों को खिलाएगी, तब हम उससे बातें करेंगे।

अनामिका : ये हुई न बात! मि. माथुर, जब इनसान ऐसा दृढ़ निश्चय कर लेता है न तब सर्द हवा अपना रास्ता बदल लेती है। और बसन्त की सुगन्धित हवा पहाड़ लाँघकर इस ओर बहने लगती है।

माथुर : *(झिझक के साथ)* मैडम, आप कविता भी लिखती हैं क्या?

अनामिका : *(ज़ोर से हँस पड़ती है)* कविता पढ़ने का शौक़ तो हमेशा रहा है। सोमा की प्रेरणा से शायद लिख भी डालूँ!

(रास्ते पर लोक-संगीत सुनाई देता है। औरतें ज़ोर से हँस रही हैं। ख़ुशी के गाने गा रही हैं।)

अनामिका : ये लोग किस ख़ुशी में गा रहे हैं?

माथुर : इस इलाक़े में गाने के लिए कोई अवसर ढूँढ़ना नहीं पड़ता। लोग हमेशा ख़ुश रहते हैं। जब जी करे, गाने लगते हैं।

अनामिका : ऐसी ही ख़ुशी सोनापुर में लानी है मि. माथुर। ऐसी ही मस्तीभरी आवाज़ सोमा के पास भी है। सोमा तो फिर भी थोड़ा-सा बोली। बाक़ी के लोग तो ऐसे चुप थे जैसे किसी श्मशान-यात्रा में जा रहे हों। अच्छा मि. माथुर, अभी तो पाँच बजने में चार-पाँच घंटे हैं। दो-चार दूसरे गाँवों का दौरा कर लेते हैं, फिर सोनापुर पहुँच जाएँगे। ठीक है?

माथुर : जी मैडम, बहुत ही अच्छा विचार है। चलिए।

(दृश्य परिवर्तन)

(तेज रफ़्तार से गाड़ी चल रही है। हॉर्न बजता है।)

अनामिका : मि. माथुर, आज गाड़ी सोनापुर गाँव के बाहर खड़ी करते हैं। वहाँ से पैदल चले जाएँगे।

माथुर : ठीक है मैडम। ड्राइवर, यहीं रोक दो गाड़ी।

(ज़ोर से ब्रेक लगती है। दोनों गाड़ी से उतरकर चलने लगते हैं। पक्षियों की आवाज़ आती है। कुत्ते भौंकते हैं।)

अनामिका : चारों ओर खेत और हरे-भरे पेड़ कितने सुन्दर लगते हैं!

माथुर : जी मैडम। ये सारा तो उस पंचमलाल का है।

अनामिका : इसीलिए तो यहाँ इतनी हरियाली होते हुए भी पतझड़ है, मि. माथुर।

(पैरों तले सूखे पत्ते कुचलने की आवाज़। पक्षियों की आवाज़।)

अनामिका : यही है सोमा की झोंपड़ी। यहीं बैठकर उसका इन्तज़ार करते हैं।

माथुर : जी मैडम। अरे-अरे, वहाँ मत बैठिए। आपकी साड़ी ख़राब हो जाएगी।

अनामिका : अरे, कोई बात नहीं।

माथुर : नहीं-नहीं मैडम, मैं अख़बार लाया हूँ। उसी को बिछाकर बैठते हैं।

(अख़बार खोलकर बिछाता है। दोनों बैठते हैं।)

माथुर : ये सोमा भी आ गई।

अनामिका : कल बड़ी मालकिन से डाँट जो पड़ी थी!

सोमा : अरे, बहन जी आप। सा'ब नमस्कार।

अनामिका : सोमा, हमने सोचा, हम ही आ जाते हैं।

सोमा : लेकिन मुझे तो बच्चों को खिलाकर जाना होगा।

अनामिका : ठीक है। तुम आराम से खाना बनाओ। हम तुमसे बातें करेंगे।

सोमा : नहीं–नहीं बहन जी, मेरा घर तो आपके बैठने के लायक नहीं है।

अनामिका : उसकी फ़िक्र तुम मत करो। मैं अन्दर आ जाऊँ?

सोमा : अभी चूली जलावुँगी। बहुत धुआँ होगा। आप यहीं बैठो। बाहर।

अनामिका : ठीक है, तुम चूल्हा जलाकर, कुछ चढ़ाकर आ जाओ।

सोमा : जी।

(सोमा की गोद का बच्चा रोता है।)

सोमा : *(डाँटकर)* चुप हो जा। अभी खाना देती हूँ।

(अन्दर चली जाती है। थोड़ी देर के बाद सोमा ज़ोर–ज़ोर से खाँसती है। बच्चा भी ज़ोर से रोता है।)

अनामिका : *(उठकर अन्दर जाती है)* अरे, क्या हो गया? उफ ओ! इतना धुआँ? बाहर आ जाओ, बाहर आ जाओ।

(सोमा खाँसती हुई बाहर आती है। बच्चा भी रो ही रहा है।)

अनामिका : सोमा, तुमने चूल्हा किस चीज़ से जलाया था जो इतना धुआँ हो गया? *(अनामिका भी खाँसती है।)*

सोमा : *(खाँसती हुई)* सूखे पत्तों से।

(मटकी से पानी निकालकर)

अनामिका : यह लो, थोड़ा पानी पी लो।

(अनामिका सोमा की पीठ थपथपाती है। बच्चा चुप हो जाता है। सोमा पानी पीती है।)

अनामिका : सोमा, इस गाँव में तुम इतनी सारी औरतें हो। कभी आपस में मिलकर सुख-दुख की बात नहीं करते? ख़ुशियाँ नहीं मनाते? नाचते-गाते भी नहीं?

सोमा : नहीं बहन जी। खेत में तो सा'ब बात भी नहीं करने देते। शाम को घर आके भी काम ही काम। बहन जी, ख़ुशी क्या होती है? मैंने तो सिरफ बड़े मालिक और बड़ी मालकिन को हँसते देखा है। गाँव में कोई कभी नहीं हँसता।

अनामिका : सोमा, अगर तुम्हें बारह घंटे काम न करना पड़े, दिहाड़ी के सही पैसे मिले तो तुम ख़ुश रहोगी?

सोमा : ऐसा हो ही नहीं सकता। मेरे माँ-बापू भी इसी तरह काम करते थे। दादा-दादी भी यही करते थे। ये तो ऐसा ही होता है।

अनामिका : नहीं सोमा, ऐसा नहीं होता।

(सोमा का बच्चा रोता है। सोमा उसे फुसलाती है।)

अनामिका : सोमा, तुम्हारी साथियों का भी यही हाल है क्या?

सोमा : जी बहन जी। हम सबके सब एक ही से हैं। इन बच्चन के लिए तो जीना ही पड़ेगा। काम करना ही पड़ेगा।

अनामिका : तुम बच्चों को स्कूल क्यों नहीं भेजती?

सोमा : ना बहन जी, हमरी जात के लोग इसकूल नहीं जाते। फिर सारे गाँव में हम ही हम हैं। तिस करके इसकूल है ही नहीं।

अनामिका : क्या यह सच है मि. माथुर? क्या यहाँ स्कूल ही नहीं है?

माथुर : जी मैडम, पंचमलाल जी ने स्कूल बनने ही नहीं दिया। उनको तो बच्चों को भी बँधुआ मज़दूर बनाना है।

अनामिका : लगता है, सोनापुर में सदियों से अन्धकार है। घनी अँधेरी रात। और ऐसी डरावनी रात का सन्नाटा। सिर्फ़ सन्नाटा।

सोमा : हाँ बहन जी, बहुत रात हो गई है। आप तो बहुत दूर जावेंगी ना ?

अनामिका : *(हँस पड़ती है)* मैं इस रात की बात नहीं कर रही। सोमा, तुम पढ़ना चाहोगी ? दूसरी तरह के काम करना चाहोगी ?

सोमा : नहीं बहन जी, न हम पढ़ पावेंगे, न कुछ और कर पावेंगे। इतनी कट गई। और भी कट जावेगी।

अनामिका : नहीं सोमा, अभी तो तुम बहुत छोटी हो। तुम पढ़ना-लिखना सीख जाओगी, हिसाब करना सीख जाओगी, पैसे कमाने लगोगी। तुम्हारे बच्चे स्कूल जाएँगे। बड़े होकर वे भी अच्छा कमा लेंगे।

सोमा : नहीं-नहीं बहन जी, ऐसा हो ही नहीं सकता। ऐसा तो बड़ी मालकिन के घर में हो सकता है।

अनामिका : नहीं सोमा, ऐसा तुम्हारे साथ भी हो सकता है। बस, तुम एक बार हाँ कह दो। फिर देखना सब कैसे बदल जाता है।

सोमा : हम ग़रीब का मज़ाक़ मत करो बहन जी। ये जो मुट्ठीभर जौ मिलती है, वो भी बन्द हो जावेगी। हम भूखे मर जावेंगे। आप जाओ बहन जी।

अनामिका : नहीं सोमा, आज मैं यहाँ से हटूँगी नहीं जब तक तुम हाँ नहीं कहती। जैसे तुम ज़िद्द कर रही हो वैसे मैं भी कर रही हूँ।

सोमा : *(सोचकर)* अच्छा, ये बात बताओ बहन जी, मैं पढ़ूँ तो कब पढ़ूँ ? मुझे पढ़ावेगा कौन ? मेरी खोपड़ी में गोबर भरा है।

अनामिका : सोमा, तुम्हारी खोपड़ी में एक बढ़िया-सा दिमाग़ है। तुम्हारे बच्चे भी बड़े होशियार बच्चे बनेंगे। मान जाओ सोमा। तुम्हारी दो-चार साथिनों को भी मना लो।

सोमा : बहन जी, मान लो मैं मान गई, उनको भी मना लिया, पर हमें खेत भी तो जाना है।

अनामिका : तुम अगर पढ़ने की बात मान लो तो काम के बारे में मैं बड़े मालिक से बात कर लूँगी। वह तुम्हें खेत से जल्दी घर भेज देंगे।

सोमा : नहीं-नहीं बहन जी, वो तो भगवान भी कह दें तब भी नहीं होवेगा। बड़े मालिक हमें काम से ही निकाल देंगे। हम भूखे मर जावेंगे।

अनामिका : ऐसा नहीं होगा। सब ठीक हो जाएगा। अरे! तुम्हारे बच्चे बिना खाए ही सो गए। और उधर बड़ी मालकिन तुम्हें गालियाँ दे रही होगी।

सोमा : बच्चन को तो छोड़ो। अच्छा ही हुआ कि सो गए। *(डरती हुई)* लेकिन बड़ी मालकिन आज ख़ूब पीटेगी।

अनामिका : कुछ नहीं होगा। चल, मैं साथ चलती हूँ।

सोमा : आप? नहीं-नहीं, कहीं आपको भी दो-चार सुना न देवे!

अनामिका : *(हँसकर)* तो सुन लूँगी। तुम्हारे ख़ातिर। चलिए मि. माथुर।

(तीनों सूखे पत्ते कुचलते हुए चलते हैं। दूर से ही बड़ी मालकिन की आवाज़ सुनाई देती है।)

शोभा : आपने उस सोमा की बच्ची को सिर पर चढ़ा रखा है। अभी तक नहीं आई मेरे पैर दबाने।

रमेश : कल उसे अच्छा सबक़ सिखाऊँगा। नमकहराम कहीं की। अरे, वो देखो। सोमा और उसके साथ बी.डी.ओ. सा'ब... और उनकी मेहमान ये लोग आज भी टपक पड़े!

शोभा : बार-बार चाय-नाश्ता देने की कोई ज़रूरत नहीं है। समझे?

(चूड़ियाँ खनकती हैं।)

माथुर : नमस्कार रमेश जी।

रमेश : आइए-आइए बी.डी.ओ. सा'ब! नमस्कार।

अनामिका : आज हमारी वजह से सोमा को देर हो गई। आप डाँटना चाहें तो मुझे डाँट लीजिए।

रमेश : *(हँसकर)* नहीं-नहीं, ऐसी बात नहीं है। ये आ गई उतना ही काफ़ी है। *(रोब से)* जा, अन्दर जा।

(शोभा पायल-चूड़ी खनकाती हुई अन्दर जाती है। सोमा भी जाती है।)

रमेश : आप आज रात का भोजन यहीं कर लीजिए। आज तो शायद बढ़िया लड्डू बने हैं। शुद्ध घी के।

अनामिका : जी नहीं रमेश जी। आज तो मेरा बिज़नेस ट्रीप है। सिर्फ़ काम की बात करूँगी।

रमेश : आपको मुझसे क्या काम हो सकता है?

अनामिका : काम आपसे ही है और आपके बड़े मालिक पंचमलाल जी से। देखिए, इस गाँव में हम एक आँगनबाड़ी, एक प्राइमरी स्कूल और प्रौढ़ शिक्षा केन्द्र खोलना चाहते हैं। ये सारा ज़िला आगे बढ़ जाए और सोनापुर की जनता पिछड़ी हुई, अनपढ़ रह जाए, ये मैं बर्दाश्त नहीं कर सकती।

रमेश : लेकिन आप... आप तो बी.डी.ओ. सा'ब की मेहमान हैं। आपको इस गाँव से क्या मतलब?

अनामिका : मैं इस ज़िले की नई कलेक्टर हूँ।

रमेश : क...क्या...क्या कहा? आप...कलेक्टर साहिबाँ हैं? आपने... आपने पहले क्यों नहीं बताया?

अनामिका : तब बताना ज़रूरी नहीं था।

रमेश : अरे शोभा... ज़रा जल्दी से लड्डू का थाल ले आ। मैडम, वैसे मैं तो सेठ सा'ब के हुक्म को सर-आँखों पर रखता हूँ। मैंने उनके हुक्म के ख़िलाफ़ कुछ किया तो मेरी नौकरी चली जाएगी। उनसे तो आप सीधा ही निपट लें तो अच्छा।

अनामिका : जी हाँ, वो तो मैं कर लूँगी। लेकिन आप इतना जान लीजिए कि मज़दूरों के काम के घंटे और दिन भर के वेतन सरकार ने निर्धारित किए हैं। आप उसका पालन नहीं कर रहे। ये जुर्म है। आपको सज़ा हो सकती है। अब आप सँभल जाइए। आपके सेठ को हम सँभाल लेंगे। और हाँ... सोमा कल से यहाँ पैर दबाने नहीं आएगी। वो अपनी और अपने बच्चों की देखभाल करेगी। केन्द्र खुलते ही वहाँ पढ़ने जाएगी। केवल वही नहीं, उसकी दूसरी साथिनें भी। आप समझ गए ना?

रमेश : मैं... मैं... तो सब समझ रहा हूँ। लेकिन...

अनामिका : आपने इतना समझ लिया वही काफ़ी है।... सोमा... ओ सोमा...चलो हमारे साथ।

शोभा : *(पायल-चूड़ी खनकाती हुई)* सोमा बाद में चली जाएगी।

अनामिका : जी नहीं, हमारे साथ जाएगी।

रमेश : बुला लो सोमा को। ...हें...हें... आप ये लड्डू लीजिए न! शोभा ने बनाए हैं।

अनामिका : सोमा जब पढ़ना-लिखना शुरू करेगी तब हम लड्डू खाने आएँगे। सोमा...

सोमा : जी बहन जी।

अनामिका : जाओ, घर जाकर अपने बच्चों को खाना खिलाओ। *(थाली से दो लड्डू उठाकर)* और ये दो लड्डू भी साथ लेती जाओ!

सोमा : *(झिझकती हुई)* बड़ी मालकिन... मैं... बाद में...

रमेश : नहीं-नहीं सोमा, रहने दो। जो मैडम कहती हैं वही करो। लड्डू सँभालकर रखना। शुद्ध घी के हैं।

सोमा : जी बड़े मालिक।

अनामिका : चलिए मि. माथुर। नमस्कार।

(सब जाते हैं।)

(दृश्य परिवर्तन)

(छह महीने के बाद। साक्षरता केन्द्र में लोग गीत गा रहे हैं..."क, ख, ग, घ को... पहचानो..."।)

अनामिका : छह महीने में तो सोनापुर का चेहरा बदल गया मि. माथुर।

माथुर : मैडम, ये सारे लोग आपको दिन-रात दुआएँ देते हैं। वह सोमा को देखिए। गोद में स्लेट रखकर कितनी मग्न होकर पढ़ रही है!

अनामिका : सोमा... सुनो तो!

सोमा : *(ख़ुशी से)* ओह! बहन जी आप!

अनामिका : कैसी हो सोमा?

सोमा : *(हँसकर)* बिल्कुल ठीक हूँ।

अनामिका : तुम्हारी इस हँसी से ही तो सोनापुर गाँव में बसन्त की बहार आ गई है सोमा।

सोमा : बहन जी, आप तो देवी हैं देवी!

माथुर : यह ठीक ही कह रही है मैडम। एक साधारण इनसान पतझड़ को बसन्त में बदल नहीं सकता।

अनामिका : *(हँसती हुई)* ये बात नहीं है मि. माथुर। सोमा की उस रात की 'हाँ' ने सब कुछ बदल दिया। क्या सोमा, मैंने ठीक कहा न?

सोमा : बहन जी, हम तो अनपढ़ मूरख थे। हमें का मालूम पढ़ाई से इतना फ़ायदा भी हो सके है?

अनामिका : अब यह बताओ सोमा, तुम्हारे बच्चे कहाँ हैं?

सोमा : ओ...उहाँ। सब आपस में खेल रहे हैं। ऊ छोटा तो आँगनवाड़ी जावे और लाली इसकूल में पढ़े।

अनामिका : वाह, यह तो बहुत अच्छा हुआ! और तुम्हारा काम कैसा चलता है?

सोमा : काम? *(हँसकर)* काम तो बहुत ही बढ़िया। अब एक मुट्ठी जौ नहीं मिलता। अब तो नकद रुपए मिले हैं।

अनामिका : *(ख़ुशी से)* सच? बेचारा पंचमलाल। बड़ा दुखी हो रहा होगा। शायद मुझे सुबह-शाम कोसता भी होगा।

(सभी हँसते हैं।)

अनामिका : और सोमा, तुम्हारे बड़े मालिक और बड़ी मालकिन का क्या हाल है?

माथुर : *(हँसकर)* उनका डिमोशन हो गया है। और ट्रांसफर भी हो गया है।

अनामिका : *(हँसकर)* ओह रियली! यानी अब सोमा को बड़ी मालकिन के पैर दबाने नहीं जाना पड़ता।

सोमा : *(हँसकर)* नहीं बहन जी। अब तो काम से आकर मैं हाट में जाऊँ। आकर बच्चन को अच्छे से खिलाऊँ।

अनामिका : और ख़ुद भी खाऊँ... *(हँसती है।)*

सोमा : *(ख़ुशी से)* जी बहन जी।

अनामिका : तभी तो तुम और भी सुन्दर लग रही हो।

सोमा : *(शरमाकर)* का बहन जी...

अनामिका : तुम्हारी आवाज़ और भी खुल गई है।

सोमा : हम सबन की, बहन जी।

माथुर : अब तो ये गाती हैं, नाचती हैं। तीज-त्योहार मनाती हैं।

सोमा : बहन जी, आपने सोनापुर को बदल ही डाला।

अनामिका : नहीं सोमा, मैंने तो सिर्फ़ हाथ बढ़ाया। रास्ता तो तुम्हीं ने तय किया। तुम गिरी, फिर उठी, फिर चली। वह रास्ता कितना मुश्किल था, मैं जानती हूँ। कितना अँधेरा, कितने काँटे और कंकड़। कितने जंगली जानवर!

सोमा : बहन जी, आपने हमरा हाथ थामा। दुलारा। हम गिरे तो उठाया। जभी तो हम आज इस किलास में हैं। किताब भी पढ़ रहे हैं। कापी में लिख भी रहे हैं।

अनामिका : मुझे चिट्ठी लिखोगी?

सोमा : ज़रूर लिखेगी बहन जी। मन ही मन तो हम रोज लिखत हैं।

(सभी हँसते हैं।)

अनामिका : अरे, मेरी प्यारी सोमा! अब जैसे मैं तुम्हारी बहन जी वैसे तुम सोनापुर की तमाम महिलाओं की बहन जी। समझी?

सोमा : का मतलब?

अनामिका : मतलब ये कि अब तुम भी दूसरों के हाथ थामोगी और सभी के ओठों पर हँसी के फूल खिलाओगी। अब सोनापुर में कभी भी पतझड़ नहीं आएगी। बसन्त ही बसन्त। बारहों महीनों बसन्त। मंज़ूर?

सोमा : *(ज़ोर से हँसकर)* मंज़ूर, बहन जी, सौ बार मंज़ूर।

(क ख ग घ वाला गीत बजता है।)

नया सवेरा

दृश्य : एक

रतनसिंह का ब्याह

पात्र-परिचय

प्रकाश — 38 पु.
मीता — 35 म.
मधु — 18 म.
रामू — 23 पु.
कंचन — 19 म.
बदरी — 21 पु.
सुखलाल — 55 पु.

(दूर से लोकगीत की हलकी आवाज़ आ रही है। वही धुन गुनगुनाता हुआ प्रकाश घर में प्रवेश करता है।)

प्रकाश : मीता, तुम अभी तैयार नहीं हुईं ?

मीता : क्यों ? कहाँ जाना है ?

प्रकाश : भूल गई ? आज रधिया का ब्याह है।

मीता : रामू के साथ ही तो ?

प्रकाश : *(गम्भीर होकर)* नहीं।

मीता : *(आश्चर्य से)* नहीं ? तो फिर किसके साथ ब्याह हो रहा है ?

प्रकाश : चौधरी रतनसिंह से।

मीता : उस बुड्ढे चौधरी से जो पहले ही छह बच्चों का बाप है ? नहीं-नहीं, यह नहीं हो सकता।

प्रकाश : अब इसमें तुम क्या कर सकती हो? कुछ करना चाहो भी तो तुम्हारी बात सुनेगा कौन?

मीता : प्रकाश, तुम्हारी यही बात मुझे अच्छी नहीं लगती। तलवार चलाकर देखो तो सही कि वार होता है या नहीं? तुम तो पहले ही हथियार फेंक देते हो।

प्रकाश : जब मालूम हो कि इस तलवार में जंग लग गया है, तो उसे चलाने की कोशिश करना बेवक़ूफ़ी है।

मीता : ठीक है। तुम बैठे रहो। मैं देखती हूँ यह ब्याह कैसे होता है?

प्रकाश : कहाँ जा रही हो?

मीता : रधिया के पास।

(लोकगीत की हलकी आवाज़)

प्रकाश : ब्याह के गीत सुनाई देते हैं? कुछ भी करने के लिए अब बहुत देर हो चुकी है।

मीता : हाँ, प्रकाश के राज में अन्धकार हो सकता है, लेकिन ख़ुदा के राज में देर सही, अन्धेर नहीं।

(मीता चली जाती है)

प्रकाश : *(ज़ोर से बोलता है)* अरे, सुनो तो सही मीता। ज़रा ठहर जाओ। मैं भी साथ चलता हूँ। अँ हँ—अब वह कहीं नहीं रुकेगी। मुझे ही उसके पीछे दौड़ना पड़ेगा। मीता बेचारी! जब से इस गाँव में आई है तब से परेशान है। कभी बालविवाह हो रहा है तो कभी बुड्ढे के साथ उसकी पोती की उम्र की लड़की ब्याही जा रही है। कभी शराबी पति उसकी पत्नी को पीटता है तो कभी बलात्कार करके बच्चे पैदा करता है। ख़ून तो मेरा भी खौल उठता है, लेकिन मीता की तो बात ही कुछ और है।

(मीता के लौटने की आवाज़)

मीता : अरे प्रकाश, यह अकेले-अकेले क्या बोल रहे हो?

प्रकाश : तुम्हारे बारे में सोच रहा था।

मीता : क्या सोच रहे थे?

प्रकाश : यही कि जब से तुमने मुझसे शादी की है तब से न जाने कैसी समस्याओं में फँसी जा रही हो?

मीता : क्या पागलों जैसी बातें करते हो? मैंने तुम्हें पसन्द ही इसलिए किया था कि तुम्हें गाँव में रहकर लोगों के लिए काम करना अच्छा लगता है और मुझे भी वही अच्छा लगता है।

प्रकाश : ओह! मैं तो समझा था कि तुम डॉक्टर प्रकाश की बीवी बनकर बड़े शहर के किसी बड़े अस्पताल के क्वार्टर में रहना चाहती थी।

मीता : वाह! डॉक्टर साहब वाह! डॉक्टरी ख़ूब पढ़ ली, लेकिन अपनी ही पत्नी को समझ नहीं पा रहे हो!

प्रकाश : अरे भई, ख़ुदा भी औरतों को समझ नहीं पाता तो मैं क्या चीज़ हूँ?

मीता : अरे, तुम्हारी बातों में मैं तो भूल ही गई कि मैं किसलिए घर आई थी?

प्रकाश : हाँ, मुझे भी तुम्हें देखकर आश्चर्य तो हुआ था, लेकिन मैंने सोचा कि तुमने शायद इरादा बदल डाला है।

मीता : बिल्कुल नहीं। रधिया के सिर पर मौत मँडरा रही हो और मैं घर बैठी रहूँ? मैं तो लौट आई थी कुछ मुखौटे और ढोलक लेने।

प्रकाश : क्या बात करती हो? यह कोई नाटक करने का समय है?

मीता : और नहीं तो क्या? रधिया के साथ इतना बड़ा नाटक खेला जा रहा है और हम दर्शक बनकर चुपचाप देखते रहें? नाटक का जवाब नाटक से ही देना होगा। ट्रेजेडी का जवाब कॉमेडी से!

प्रकाश : यानी दुखान्त का जवाब सुखान्त से?

मीता : हँ।

प्रकाश : अकेली ही करोगी? मुझे भी शामिल कर लो।

मीता : अकेली क्यों? मैं जैसे ही घर से निकली कि बाहर मुखिया सुखलाल जी मिल गए। रधिया के ब्याह से वे भी दुखी हैं। उनका घर चौधरी रतनसिंह के घर के सामने ही है। मैंने अपना प्लान सुनाया तो वे ख़ुश हो गए।

प्रकाश : मैं भी ज़रा सुनूँ तुम्हारा प्लान।

मीता : सुनना बाद में। इस वक़्त तो तुम यह ढोलक उठाकर मेरे साथ चलो। मधु, रामू, बदरी, कंचन और गीता को भी साथ ले लेंगे।

प्रकाश : मीता, *(हँसकर)* इस गाँव में हमें आए छह महीने भी नहीं हुए। तुमने अच्छी फ़ौज जमा ली है।

मीता : *(हँसकर)* अब चलो भी। देर हो रही है।

(दोनों के जाने की आवाज़। लोकगीत सुनाई देता है।)

मीता : मधु...रामू...

मधु-रामू : का बात है दीदी?

मीता : रधिया की शादी तो तुमसे तय हुई थी रामू! यह क्या हो गया? चौधरी रतनसिंह कहाँ से टपक पड़ा?

रामू : अब दीदी, तुम तौ जनतीय हौ रधिया कै परिवार केर बात। उइ दस भाई-बहन हैं। छोटे दोनों भइय्यन के बीच मुस्किल से एक बरस केर अन्तर होई।

मधु : उइ दूनौ तो बीमारै रहति हैं। छोटावाला तो जब से पैदा भवा है तब से बीमार है। नौ महीने का हुई गवा, भुला बैठिउ नाई सकति है?

रामू : वही की अम्मा भी बीमार ही रहति है।

मधु : दीदी, तुम रधिया की माँ से मिली हो?

मीता : नहीं, मुलाक़ात तो नहीं हुई, लेकिन एक बार दूर से देखा था। बहुत ही कमज़ोर दिख रही थीं।

रामू : और रधिया क्यार बाप, बिचारा भला मानस है, मुला उसकी आमदनी इतनी कम है कि दुई जुन का खानौ मुस्किल से मिलत है। इमाँ बीमारन का इलाज कहाँ से करावैं?

प्रकाश : इसका मतलब रतनसिंह रधिया को कुछ रुपए देकर ख़रीद रहा है।

रामू : वही को बाप बिचारो मजबूर है परकास भैया।

मीता : यह क्या बात हुई? बाप की जो मजबूरी है सो है। पर इसमें रधिया का क्या दोष? उसकी तो ज़िन्दगी बर्बाद हो जाएगी! देखो रामू, अगर तुम्हारी बहन के साथ ऐसा बर्ताव हो तो क्या तुम चुपचाप सह लोगे?

रामू : तनिको नाहीं।

मीता : तो फिर? अपनी बहन के लिए सब कुछ कर लोगे और परायी लड़कियाँ क्या भाड़ में जाएँ?

रामू : नाय नाय दीदी। या बात नाय है। हम तो उलझन में परि गए हतेन। रधिया पर भी तरस आवत है और वही के बापौ पर। हम करौ का सकित? अब तो तुम जो कहिहौ, वही करब।

मीता : तो तुम दोनों मेरे साथ चलो। हमें इस ब्याह को रोकना होगा। अरे, प्रकाश कहाँ गए?

मधु : वै हुआँ बदरी और कंचन से बातें करत हैं।

मीता : हाँ-हाँ, उन लोगों को भी साथ लेना है।

रामू : और दीदी, गीतौ का संग ले लें?

मधु : *(हँसकर)* हाँ दीदी, गीता तो तुम्हारी चेली हुई।

मीता : *(हँसकर)* और तुम नहीं?

मधु : *(हँसकर)* हम भी।

रामू : और हम भी।

मधु : तुम चेली हौ का?

रामू : चेला हन् चेला। चेली उ से वगड़ौ।

(सब हँसते हैं। प्रकाश ख़ुशी से ढोलक बजाता है)

प्रकाश : *(दूर से)* इधर आ जाओ सब लोग। हँ...अब देखो, हम छह जने हो गए। मीता, तुम अब अपना प्लान सुना दो। हमारे पास ज़्यादा वक़्त नहीं है।

मीता : ठीक है, तो सब ध्यान से सुनो। मुखिया सुखलाल जी का घर चौधरी रतनसिंह के घर के सामने है। बरात तो वहीं से चलेगी।

रामू : सुनो है रात के नौ बजे बरात चलिहै।

कंचन : बियाह कै महूरत रात के दस बजे क्यार है।

प्रकाश : अभी बजे हैं शाम के सात।

मीना : वंडरफुल! सुखलाल जी के घर का चबूतरा काफ़ी बड़ा है। वह होगा हमारा स्टेज। उस स्टेज पर एक नाटक खेला जाएगा।

मधु : नाटक? हमने तो कबहूँ यौ नाटक-आटक करेन् नाहीं।

मीता : देखो मधु, ज़िन्दगी में जो अजीबोग़रीब बातें होती हैं, वह नाटक नहीं है क्या?

मधु : अब दीदी, बात तुम्हारी ठीकै है, मुला इत्ते लोगन के सामने खड़े हुइके हम बोल्यू पैबे? हमका तो डर लगत है।

मीता : देखो मधु, कुछ समय के लिए तुम अपने आपको रधिया मान लो। तुम्हें यही सोचना है कि तुम्हारी शादी उस बुड्ढे, छह बच्चे के बाप चौधरी रतनसिंह से की जा रही है।

प्रकाश : और वह भी ज़बर्दस्ती से, तुम्हारी मर्ज़ी के ख़िलाफ़।

रामू : देखौ, तुमका यहौ सोचै का है कि तुमका रामू जेस जुवान मेहनती लरिका नीक लगित है। तुमका वहे से बियाहु करै का है।

मीता : अब मन को ऐसे तैयार करो कि तुम्हें इस शादी के ख़िलाफ़ जो कुछ कहना है, वह कहने की पूरी छूट है। किसी का डर नहीं है। तुम हिम्मत से बोलोगी तो तुम जो चाहती हो वही होगा। बात समझ में आ गई?

मधु : अच्छा...अब समझन। चलो ठीक, हम बन गइन रधिया। मुला और कउन-कउन ई?

मीता : प्रकाश, तुम रामू बनोगे या रतनसिंह?

प्रकाश : ऐसे करो मीता, रामू ही रामू बने और बदरी बन जाए रतनसिंह। मैं ढोलक बजाकर तुम लोगों का जोश बढ़ाता रहूँगा।

मीता : हाँ, यह भी ठीक है।

कंचन : और हमका का करैका है?

मीता : तुम हो जादूगरनी।

कंचन : जादूगरनी? अरे बाप रे! हमका का करैका होई?

मीता : तुम ही सारी कहानी को नया मोड़ दोगी।

प्रकाश : और गीता को भी साथ लेना है। वह क्या करेगी?

मीता : वह बनेगी ओझा।

बदरी : एक जादूगरनी और एक ओझा। मजा आइ जाइ दीदी। चलौ अब थोरी कहानिउ बनाइ लेई।

मीता : हाँ, नाटक की कहानी संक्षिप्त में बता देती हूँ। आगे तुम सब अपना-अपना रोल ध्यान से बोलते जाना। किसी से डरने की ज़रूरत नहीं है।

सब : बिल्कुल ठीक।

मीता : तो कंचन, तुम गीता को बुला लाओ। हम सुखलाल जी के घर पहुँचते हैं। तुम लोग वहीं आ जाना।

प्रकाश : *(ढोलक बजाता हुआ)* वहीं पर ट्रेजेडी को कॉमेडी बनाने का षड्यंत्र रचा जाएगा।

रामू : हुँअई रधिया का रतनसिंह के हाथ से छुड़ाएकै...

मधु : रामू के संग जोड़ै का सड्यंत्र रचा जाइ है।

(सभी ज़ोर से हँस पड़ते हैं।)

प्रकाश : *(ढोलक बजाता हुआ)* चलो भई, चलो। कंचन, जल्दी से गीता को ले आओ।

मीता : गीता से कहना, खँजरी भी ले आए।

कंचन : ठीक है, गीता को लैके अब हि आइत है।

(सबके जाने की आवाज़)

(रतनसिंह के घर से शादी के गानों की आवाज़)

प्रकाश : सुखलाल जी...ओ सुखलाल जी!

सुखलाल : आइए-आइए, परकास भैया, आइए।

सब : राम-राम सुखलाल जी।

प्रकाश : सुखलाल जी, मीता ने आपको कुछ प्लान तो बताया ही था।

सुखलाल : हाँ-हाँ। *(दुखी होकर)* क्या कहूँ परकास भैया! इस रतनसिंह को बुढ़ापे में यह क्या सूझी?

मीता : यह तो पैसे की झनकार है सुखलाल जी।

सुखलाल : राम-राम, राम-राम...कैसा कलजुग आया है! पोती की उमर की लड़की से बियाह करने की उमंग! छी:-छी:-छी: !

मीता : ख़ैर, सुखलाल जी, अब इस ब्याह को रोकने का एक ही उपाय है। आपके इस चबूतरे पर हम एक नाटक करेंगे। मधु बनेगी रधिया। बदरी होगा रतनसिंह और रामू रामू ही रहेगा।

सुखलाल : अच्छा? पर इस नाटक का उस बुड्ढे पर कोई असर होगा? उसके दिमाग़ में तो कीड़े पड़ गए हैं।

प्रकाश : मैं भी यही सोचता था, लेकिन मीता कहती है कि कोशिश तो करनी ही चाहिए। उसकी बात भी ठीक है।

सुखलाल : ज़रूर कोशिश कीजिए। चबूतरे पर जाजिम बिछा दूँ? अब थोड़ी देर में अँधेरा भी होने लगेगा। दो-तीन पेट्रोमैक्स लगा देता हूँ।

बदरी : तुम हमका जाजिम और पिट्रामिक्स दई देउ। बाक़ी सब काम हमरे ऊपर छोड़ि देउ।

सुखलाल : आ जाओ मेरे साथ। रामू तुम भी आ जाओ।

(जाते हैं)

प्रकाश : अब तो मीता, तुम्हारा स्टेज तैयार है। अभिनेता और अभिनेत्री भी तैयार हैं। लेकिन नाटक क्या होगा, यह किसी को नहीं मालूम।

मीता : जो वास्तव में हो रहा है, उसी को नाटक के माध्यम से दिखाना है। फ़र्क़ सिर्फ़ इतना है कि रधिया बेचारी चुप है, रामू भी ख़ामोश है। जबकि हमारे नाटक की रधिया दिल खोलकर बोलेगी, रामू भी हिम्मत से अपनी बात कहेगा।

(कंचन और गीता आते हैं। रामू और बदरी भी।)

मीता : आओ गीता। अब तो सब आ गए। अब काम शुरू कर दें।

प्रकाश : रामू, तुम एक पेट्रोमैक्स बीचोबीच रखो। और एक को चबूतरे के दाएँ कोने में और दूसरे को बाएँ कोने में रख दो। बदरी, इस तरफ़ जाजिम बिछा दो।

रामू : ठीक है। सब अबहिं तैयार होइ जाई।

बदरी : दीदी, अब कहानी बताय दे।

मीता : आओ, हम सब जाजिम पर बैठकर नाटक का ढाँचा समझ लें।

(सब आपस में बातें करते हुए बैठ जाते हैं।)

मीता : शुरू में प्रकाश ढोल बजाएगा, मैं खँजरी बजाऊँगी और हम सब एक साथ बोलेंगे : "आओ जी-आओ जी नाटक देखो, रधिया-रतन का ब्याह देखो। परियों के देश से आई रधिया, उसे देखकर नाचे रतनिया। ठुम्मक...ठुम्मक... ठुम्मक।" उसके बाद रधिया रोती हुई रामू से कहेगी कि उसके पिता जी की कुछ मजबूरी के कारण वह रामू से शादी नहीं कर सकती है।

प्रकाश : और रतनसिंह रधिया के बाप को पाँच हज़ार रुपए दे रहा है इसलिए रधिया को उससे शादी करनी पड़ रही है।

मीता : फिर रामू रधिया से पूछेगा कि रतनसिंह के साथ शादी करना उसे मंज़ूर है ?

मधु : तब रधिया वहिकर विरोध करिहै।

रामू : और रामु औ वहिकर साथ दिहै।

मीता : इसी बीच जादूगरनी आएगी और कहेगी कि रतनसिंह से छुटकारा पाने का नुस्ख़ा उसके पास है। कंचन, तुम जादूगरनी बन रही हो ना?

कंचन : हाँ दीदी।

मीता : जादू की बात सभी को थोड़ी ही बताते हैं? आओ पास, तुम्हें कान में बता दूँ।

(मीता कंचन के कान में फुसफुसाती है।)

कंचन : आ हा! दीदी, मजा आइ गया।

प्रकाश : जादूगरनी का जादू कामयाब होते ही रतनसिंह की एंट्री होगी। अब बदरी, तुम सोच लो, रतनसिंह ऐसे मौक़े पर क्या करेगा?

बदरी : वह बहुत जोर गुस्सा हुइ जइहै।

प्रकाश : बिल्कुल ठीक। उसी समय ओझा आएगा। वह रतनसिंह से कहेगा कि सौ रुपए दो, तो मैं रधिया को ठीक कर सकता हूँ।

मीता : रतनसिंह कहेगा कि भई दो सौ ले, पर जल्दी कुछ कर। ओझा दो सौ रुपए लेकर काफ़ी कुछ करता है, पर रधिया ठीक नहीं होती है।

प्रकाश : रतनसिंह ओझा को मारने दौड़ता है। बुड्ढा है। बेचारा गिर पड़ता है। उसकी टाँग टूट जाती है। फिर आएगा मज़ा।

मीता : तब जादूगरनी रतनसिंह से कहती है कि अगर तुम रधिया को छोड़ दो तो मैं हड्डी जोड़ दूँगी। वह बात मान लेता है। अब आगे क्या होगा यह तो तुम सब समझ ही गए होगे।

सब : वाह-वाह! दीदी, मजा आइ जाई।

मीता : तो हो जाओ तैयार। प्रकाश, क्या टाइम हुआ है?

प्रकाश : आठ बज गए हैं।

मीता : आठ बज गए! प्रकाश ढोल बजाओ। अब शुरू कर दें।

(प्रकाश ढोल बजाता है।)

दृश्य : दो

ट्रेजेडी से कॉमेडी

पात्र-परिचय

प्रकाश	मीता
मधु	रामू
कंचन	बदरी
गीता–19	जूही–5 साल

(ढोल और खँजरी के बजने की आवाज़। उसी के साथ सब बोलते हैं।)

प्रकाश-मीता : आओ जी आओ, नाटक देखो।

सब : आओ जी जाओ, नाटक देखो।

प्रकाश-मीता : रधिया-रतन का ब्याह देखो।

सब : रधिया-रतन का ब्याह देखो।

प्रकाश-मीता : परियों के देश से आई रधिया
उसे देखकर नाचे रतनिया।

सब : परियों के देस से आई रधिया
उसे देखकर नाचे रतनिया।

(लोगों की गुसपुस)

प्रकाश-मीता : ठुम्मक ठुम्मक ठुम्मक

सब : हाँ जी ठुम्मक ठुम्मक ठुम्मक
ठुम्मक ठुम्मक ठुम्मक
हाँ जी ठुम्मक ठुम्मक ठुम्मक
आओ जी आओ नाटक देखो
नाटक देखो नाटक देखो

(इधर ढोल बजता है, उधर लोग इकट्ठे होने लगते हैं।)

प्रकाश : *(ढोल बजाते हुए धीरे से मीता से कहता है)* मीता, लोग तो इकट्ठे होने लगे।

मीता : *(खँजरी बजाते हुए)* लेकिन अभी रतनसिंह के घर से किसी ने नहीं झाँका।

प्रकाश : कोई बात नहीं। हमारी आवाज़ इतनी बुलन्द है कि वह सात कम्बल ओढ़कर सो जाए तब भी उसे सुनाई देगी।

मीता : अरे, देखो–देखो, रतनसिंह के घर से कितने सारे बच्चे बाहर निकल आए हैं!

प्रकाश : बस ठीक है। अब नाटक शुरू कर दो।

मीता : *(चिल्लाती हुई)* रधिया...अरी ओ...रधिया...

मधु : *(अन्दर से आकर)* क्या बात है दीदी?

मीता : अरे? तुम तो दुल्हन बन गई हो!

मधु : हाँ दीदी, आज हमार बियाहु हइ।

मीता : आज तुम्हारा ब्याह है? लेकिन रामू तो उधर चाय की दुकान में बैठा है।

मधु : *(रोती आवाज़ से)* तो हमार बियाहु कोई रामू के संग थोड़े ही हुइ रहा है?

मीता : ऐं... ? रामू के साथ नहीं हो रहा? क्या कह रही हो?

मधु : *(रोते हुए)* हाँ दीदी!

मीता : तो फिर? दुल्हन का जोड़ा पहनकर तुम कौन का हाथ पकड़ रही हो?

मधु : चौधरी रतनसिंह का।

मीता : हाय राम! यह तुझे क्या सूझी? तेरा दिमाग़ तो ठीक है न?

(रामू का प्रवेश।)

यह देखो रामू भी आ गया। तुम दोनों बातें करो। मैं अभी आई।

(मीता चली जाती है)

रामू : रधिया, तुम यहू का कहती होउ? कोई अपने पाउन पर भला कुल्हाड़ी मारति है?

मधु : हम का करित है? हम ते सब कुछ कराया जाइ रहा है।

रामू : मुला काहे?

मधु : तुम तो जानत हो रामू, अम्मा बेमार है। सोनु-मोनुओ क्यार इलाजो होइका है। बापु बिचारे कहाँ ते इत्तो पइसा जुटइहै?

रामू : *(गुस्से से)* तो को कहिस रहे कि दस-दस औलादें पइदा करैका?

मधु : *(रोते हुए)* एस न कहो रामू। बापु बहुत भले मानुस है।

रामू : हमका माफ़ करो रधिया। हमार दिमाग़ कुछ ज्यादा ही गरम होइ गवा है।

मधु : रामू, हम सच कहित है, बापु का एइ बियाहु से कतई खुसी नाहीं है।

रामू : औ तुम?

मधु : *(रोते हुए)* हमने तो तुम्हारे संग कित्ते सपने देखे रहन्? मुला अब? *(कुछ रोष से)* अब इन बूढ़ौ के संग राम जाने कैसे जीअब?

रामू : अरे, अकेले बुड्ढा कहाँ रधिया? ऊपर तो छह-छह औलादन क्यार बापौ है!

मधु : वही की बड़ी बिटेवा कमला वो हमरी अम्मा से दुई-चार बरसे छोटी होय।

रामू : और अब तुम वही की अम्मा कहाइ हौ।

मधु : कमला क्यार राजु तुम्हरे जित्ता है। हम वहकी नानी होइवे!

रामू : और रतनसिंह, जो तुम्हरे बाबा जैस है, वही की तुम औरत कहैहो।

मधु : *(गुस्से से)* नाहीं-नाहीं, यौ बियाहू नाहीं होइ सकत। कबहूँ नाहीं होइ सकत।

रामू : अब तुम कोई गाय-बकरी तो होउ नहीं कि जहिको मन होय गरेमाँ रस्सी डारके हाँके लै जाय।

मधु : सब जने तो यही चाहत है कि हमरी जुबानेइ ना होय। हम गूँगी होइ जाई। लाचार होइ जाई।

रामू : हाँ रधिया, एक तुम ही नाहीं, गाँव केर जाने कितनी बिटेवा गाय–बकरी बनायके हियाँ–उहाँ पठई गई हैं।

मधु : *(गुस्से से)* औ रतनसिंह जैसन हवसखोरों का सिकार होइके उनकी ज़िन्दगी बर्बाद हुइ गइ है।

रामू : *(निराश होकर)* ख़ैर रधिया, तुम करिउ का सकति हो?

मधु : करि तो हम बहुत–कुछ सकित है।

रामू : तो फिर कुछ करिके दिखाओ ना रधिया, कुछ करिके दिखाओ।

मधु : *(जोश से)* हाँ, ज़रूर कर दिखाइबे। खाली अपने लिए नाय। गाँव की दूसरी बिटेवन का मालूम होय कि उइ सब इनसान है, कोई गूँगा जानवर नाहीं।

(जादूगरनी के भेस में कंचन का प्रवेश।)

कंचन : *(खँजरी बजाती हुई)* अरी ऐ छोकरी! यह कौन कहता है तू जानवर है? तू तो बड़ी सुन्दर जवान लड़की है। तुझे तो परियों के देस का राजकुमार उठाकर ले जाएगा।

मधु : खाक लइ जइहै! अबहिं तो नरक केर राच्छस लिये जात है।

कंचन : नरक का राच्छस? वह भला किस खेत की मूली है?

मधु : तुम सायद यही गाँव माँ पहलीये बार आई होउ। यही मारे तुम वही राच्छस का जानती नाहीं होउ।

कंचन : बता तो सही।

रामू : एक चौधरी रतनसिंह नामको बूढ़ो आदमी है। छह बच्चन को बाप है, औ जाने कित्ते पोति–पोतिन क्यार बाबा है!

कंचन : वह तो जो है सो है। उससे तुम्हें क्या परेशानी हो रही है?

मधु : *(गुस्से से)* परेसानी? हमरी तो देंह बरती है। हमार बस चलै तो उइ बूढ़ौ का यहि आग माँ भसम कर डालि।

कंचन : सान्त हो बेटी। सान्त हो। मुझे सारी बात खुलकर बताओ। हो सकता है, मैं तुम्हारी कुछ मदद कर सकूँ।

रामू : ऐसा है कि रधिया केर बाप उइ बुढ़े संग रधिया केर बियाहु तय कर दिहिस है।

मधु : बाप बेचारे तो मजबूरी में यह सब करिस है। पर हमार का होई?

कंचन : यानी तुम्हें यह बियाह मंजूर नाहीं है।

मधु : नाहीं, कतई नाहीं। *(शरमाकर)* हमार बियाहु तो यहिसे होइवाला रहे।

रामू : हाँ, अगले महीना माँ बियाहु की तारीखौ पक्की हुइ गई रहै। मुला बीच माँ रतनसिंह रुपयन की थैली रधिया के बाप के सामने खनखनाइस औ वो बिचारा वही के जाल माँ फँसि गया।

कंचन : देखो रधिया, तुम इतनी ख़ूबसूरत हो कि तुम्हें देखकर किसी का भी मन ललचा जाएगा। मैं तुम्हारी मदद करूँगी।

मधु : वह कइसे?

रामू : पहले तो यू बताओ कि तुम होउ कौन?

कंचन : मैं... ? मैं हूँ जादूगरनी। *(खँजरी बजाती है)* जवान को बुड्ढा बना सकती हूँ और बुड्ढे को जवान। काले को गोरा बना सकती हूँ और गोरे को काला। गधे को चूहा बना सकती हूँ और चूहे को गधा। *(फिर से खँजरी की आवाज़)* रधिया, तुम्हें अगर कुछ घंटों के लिए बुढ़िया बना दूँ तो रतनसिंह तुमसे बियाह करना नहीं चाहेगा। क्यों? ठीक कहा या नहीं?

मधु : *(बहुत खुश होकर)* ठीक कह्यो, पर एस होइ सकत है का?

रामू : रधिया बाद माँ जुआनौ तो होइ जाई?

कंचन : तुम फिकर मत करो। सब ठीक हो जाएगा।

मधु-रामू : तो फिर जल्दी करो ना।

कंचन : ठहर जाओ, ठहर जाओ। सब ठीक हो जाएगा। *(खँजरी बजाती है)* रधिया, तुम मेरे सामने खड़ी हो जाओ। और रामू, तुम मेरे पीछे चले आओ।

मधु : यह ल्यौ, समहै आइ गइ।

रामू : औ हम तुमरे पीछे आई गए।

कंचन : अब बिल्कुल चुप रहना। *(खँजरी बजाती हुई)* त्रुम-त्रुम-त्रुम-त्रुम-त्रुम-त्रुम-त्रुम-त्रुम—धींग-धींग-धींग-धींग-धींग-धींग-धींग...

शु...शु...हह्...शु...शु...ह्...हा-हा-हा-हा-हा-हा-हा...शु...हाह्...शु...हाह्...शु...हाह्...।

मधु : ओ...ओ...यहू का होई गया? हमरे हाथन पर झुर्री परै लागी।

रामू : अरे, रधिया के बालन केर रंग औ बदलैन लगा।

कंचन : चुप रहो। *(खँजरी बजाती है)* त्रुम-त्रुम-त्रुम-त्रुम...धींग-धींग-धींग-धींग। शु...शु...हाह्। शु...शु...हा...शु...शु...हाह्। हा-हा-हा-हा...।

रधिया अब तुम बिल्कुल बुड्ढी हो गई हो। रामू, तुम इसे पहचान सकते हो?

रामू : बाप रे बाप! रधिया तुम सीसा के समहें न जायो। नहीं तो अपनी सूरत देखिके डेराइ जइहौ।

कंचन : रामू, तुम अब रतनसिंह को बुला लाओ।

रामू : अब हि जाइत है। *(रामू जाता है)*

मधु : हम साचौं बुढ़िया अइस लागित है?

कंचन : देखो रधिया, रतनसिंह को डराने के लिए बुढ़िया तो दिखना ही है।

मधु : फिर कब तक ठीक होइ जइबे?

कंचन : बस, दो घंटों के बाद।

मधु : तुम हिंय रहियो। कोई गड़बड़ होइ गई तो ना हम घर की रहिबे न घाटै की।

कंचन : डरने की कोई बात नहीं है रधिया। मैं ज़ो हूँ तुम्हारे साथ।

(रतनसिंह के भेस में बदरी और रामू का प्रवेश।)

बदरी : बात क्या है रामू? बरात चलने में अभी आधा घंटा भी नहीं रहा और तुम मुझे यहाँ कहाँ ले आए हो?

रामू : बात एस है चौधरी साहेब कि रधिया के भीतर कोई परेत बैठ गया है। वह अचानक बुड्ढी होइ गई है।

बदरी : *(गुस्से से)* क्या बकते हो? मुझे मालूम है। मुझे सब मालूम है। ज़रूर तुम कोई चाल चल रहे हो। रधिया का बियाह तुमसे हो नहीं रहा इसलिए तुमने कोई हेराफेरी की होगी!

रामू : नाय-नाय चौधरी साहेब, एस कैसे होइ सकत है? हम सीधे-सादे किसान। हमका हेराफेरी करब?

बदरी : कहाँ है रधिया? कहाँ छुपाया है उसको? ले चलो मुझे उसके पास।

रामू : इ तो ठाड़ी है तुमरे सामने।

बदरी : *(चीख़ता हुआ)* नहीं-नहीं। यह नहीं हो सकता। यह रधिया नहीं है। रधिया नहीं है। तुम यह किसे पकड़ लाए हो?

रामू : चौधरी साहब, हम साँचो कहित है कि इया रधियै है। वही के देह माँ तो परेत घुस गया है। अब वह ऐसिय बुड्ढी रहिहै।

बदरी : *(ग़ुस्से से)* बकवास मत करो। मैं तुम लोगों को अच्छी तरह जानता हूँ। हँ...कहता है रधिया के शरीर में परेत घुस गया है? अभी ओझा को बुलाता हूँ। परेत तो क्या, उसका बाप भी भाग जाएगा।

(जाता है)

(सब हँसते हैं।)

कंचन : *(हँसते हुए)* देखा बुड्ढे को? कहो तो उसे भी हवा कर दूँ।

मधु : अरे, रुको तो! ओझा का आय जाय देउ। देखैं, का होति है।

कंचन : वह देखो, दोनों ग़ुस्से से तिलमिलाते हुए आ रहे हैं।

(बदरी और ओझा का प्रवेश)

बदरी : यह रही रधिया। अभी जवान थी, अभी बुड्ढी हो गई। यह लड़का कह रहा है कि उसमें परेत ने परवेस किया है। उस परेत को जल्दी बाहर निकालो। महूरत निकला जा रहा है।

गीता : यह तो बड़ा पेचीदा मामला है। चौधरी जी, पैसे कितने दोगे?

बदरी : यह लो, सौ रुपए रख लो। ज़रा जल्दी करो।

गीता : सौ तो मैं बिच्छू उतारने के लेता हूँ। और एक सौ निकालो। नहीं तो और किसी सस्ते वाले को ढूँढ़ लाओ।

बदरी : अरे भई, ये ले दूसरे सौ। अब जल्दी से काम शुरू कर।

गीता : लाओ पैसे। हँ...चौधरी जी, आप उस तरफ़ बैठ जाइए। मैं अभी परेत को भगाता हूँ। चीख़ता-चिल्लाता निकल जाएगा। चुपचाप देखते रहिए।

(लकड़ी ज़मीन पर पटकने की आवाज़। कुछ बड़बड़ाता है।)

भम्भर भम्भर भमरी—चम्मर चम्मर चमरी।
इधर से आई, उधर से भागो, उधर से आई, इधर से भागो।
भम्मर भम्मर भमरी—चम्मर चम्मर चमरी।

ओ सेठ जी, इस नारेल पर ग्यारह रुपए रखो।

बदरी : पैसे ही माँगता रहेगा या कुछ करेगा भी? ये ले ग्यारह रुपए।

(नारियल फोड़ने की आवाज़)

गीता : इधर से आई उधर से भागो। उधर से आई इधर से भागो। छु...छु...छु...। छु...छु...छु...। सेठ जी, एक गिलास दूध लाओ। परेत कह रहा है कि दूध पीकर जाएगा।

बदरी : यह ले दूध। ऐं...दूध तो परेत को पिलाना था और यह तो तू ही पी गया? पाखंडी कहीं का!

गीता : इधर से आया, उधर को भागा *(भागता हुआ)* उधर से आया, इधर को भागा।

बदरी : *(गुस्से से)* चोर...भाग रहा है? इतने सारे पैसे लेकर भाग रहा है? अरे कोई पकड़ो। उस पाखंडी ओझे को पकड़ो...पकड़ो। *(दौड़ता है और गिरता है)*

(सभी हँसते हैं)

(कराहता हुआ) हँस क्या रहे हो? बदतमीज़ कहीं के। कोई सहारा देकर मुझे उठाओ। *(चीख़ता है)* हाय राम... ओ...मेरी तो टाँग टूट गई। मैं मर गया...हाय, मैं मर गया...।

कंचन : *(खँजरी बजाती हुई)* क्यों चौधरी जी, क्या हाल है तुम्हारा?

बदरी : चुप कर हरामज़ादी। ये सारी तेरी ही करतूत है। मैं लुट गया...मैं मर गया।

कंचन : तुम बुड्ढे तो थे ही, अब टाँग भी टूट गई। अब बरात में घोड़ी पर कैसे चढ़ोगे?

बदरी : न मुझे घोड़ी चाहिए, न बियाह। मेरी टाँग...ओ...वैद को बुलाओ...जल्दी से इलाज करवाओ...ओ...

कंचन : एक उपाय है रतनसिंह। तुम्हारी टाँग अभी ठीक कर दूँगी, लेकिन एक सरत पर।

बदरी : एक क्या, तुम्हारी तीन सरतें मंज़ूर हैं। मुझे खड़ा कर दो। मैं तुम्हें हाथ जोड़ता हूँ। पैर पकड़ता हूँ।

कंचन : फिर तो तीनों सरतें सुन लो। अगर ये मंज़ूर हुईं तो टाँग ठीक कर दूँगी। और नाहीं मंज़ूर हुई तो पड़े रहो सड़क पर अपनी टूटी टाँग लेकर।

बदरी : अब बताओ भी। ये दर्द सहा नहीं जाता।

कंचन : पहली सरत यह है कि तुम रधिया से बियाह नहीं करोगे। मंज़ूर?

बदरी : हाँ–हाँ, मंज़ूर।

कंचन : दूसरी सरत है, गाँव की किसी भी लड़की का अगर किसी बुड्ढे से बियाह तय किया जाए तो तुम उसे रोकोगे। बोलो मंजूर ?

बदरी : बिल्कुल मंजूर। अब तो टाँग ठीक कर दो।

कंचन : और आखिरी सरत—तुम्हारी घोड़ी पर रामू को बिठाकर उसका बियाह रधिया से करा दोगे। मंजूर ?

बदरी : हाँ-हाँ, वह भी मंजूर। *(निराशा से)* वह भी मंजूर ?

कंचन : तो फिर *(खँजरी बजाकर)* त्रुम-त्रुम-त्रुम-त्रुम—धींग-धींग-धींग-धींग, त्रुम-त्रुम-त्रुम-त्रुम, धींग-धींग-धींग-धींग-धींग *(खँजरी बजती है)* हो जाओ खड़े।

बदरी : ऐं... ? हड्डी जुड़ गई ? टाँग ठीक हो गई ? अरे हाँ ! मैं खड़ा हो गया। अरे, यह कैसे हो गया ? तुम जादूगरनी हो क्या ?

कंचन : हाँ, मैं जादूगरनी हूँ। अब चलो, बरात का महूरत हो गया है। रामू को घोड़ी पर बिठा दो।

बदरी : लेकिन जवान लड़का रामू इस बुड्ढी रधिया से बियाह करेगा ?

कंचन : तुमसे जो कहा गया है, वही करो। बिठाओ रामू को घोड़ी पर। नहीं तो फिर से टाँग तोड़ दूँगी।

बदरी : *(डरता हुआ)* अभी बिठाता हूँ। अभी बिठाता हूँ। आओ रामू, आओ। *(पुचकारता हुआ)* आओ बेटा, बैठ जाओ घोड़ी पर।

(दर्शकों की तालियाँ, सीटियाँ)

रामू : हम ? हम बैठी ?

कंचन : अब जल्दी करो। इस समय तो बरात रधिया के घर पहुँच जानी चाहिए थी।

रामू : मुला रधिया का ठीक तौ कराउ।

कंचन : ठीक हो जाएगी। तुम अपना काम सँभालो।

(रामू घोड़ी पर बैठता है। बैंड बजता है।)

आओ रधिया, अब तुम घर पहुँच जाओ।

मधु : ऐसी झुर्रियन के संग? अरे! झुर्रियाँ कहाँ गईं? गायब? हम पहले जैसन होइ गई का?

कंचन : बिल्कुल वही। सुन्दर जवान लड़की।

सब : *(ढोलक और खँजरी के साथ)*

आओ जी आओ ब्याह देखो
रधिया-रामू का ब्याह देखो
रधिया की डोली को देखो
रामू की घोड़ी को देखो
ठुम्मक ठुम्मक ठुम्मक ठुम्मक
हाँ जी, ठुम्मक ठुम्मक ठुम्मक ठुम्मक।

(हँसी और तालियों की आवाज़)

प्रकाश : मीता, तुमने तो ग़ज़ब कर दिया। सारी पब्लिक तुम्हारे साथ है।

मीता : लेकिन रतनसिंह कहाँ है?

दृश्य : तीन

रतनसिंह का रुख़

पात्र-परिचय

प्रकाश	मीता
2 पुरुष आवाज़	2 महिला आवाज़
बदरी	रामू
गीता	सुखलाल
रतनसिंह	

(लोगों का हलका-हलका शोर)

प्रकाश : मीता, वह देखो, रतनसिंह उस किवाड़ के पीछे खड़ा है।

मीता : तब तो उसने सारा नाटक देखा ही होगा।

प्रकाश : और ग़ुस्से के मारे अपने ही बाल नोच रहा होगा।

(लोगों में बातचीत)

पुरुष-1 : नाटक तो बहुतए नीक रहै। बहुतए मजा आया।

पुरुष-2 : नाटक क्यार नाटक अउर बात की बात।

पुरुष-1 : का मतलब?

पुरुष-2 : अरे यहै कि नाटकौ हुइ गवा, मनोरंजनौ हुवा। ओकेर संग मतलब क्यार बातौ भई।

पुरुष-1 : हाँ भइया, रतनसिंह क्यार संग रधिया क्यार बियाहू हुइ रहा है, यहौ बिल्कुल ग़लत है।

पुरुष-2 : रधिया बिचारे ऊ तौ गाय-बकरी की तरीक़ा से उस बुड्ढे के खूँटा में बाँधी जाए रही है। अऊर हम सब गाँववाले चुपचाप देख लेवे।

पुरुष-1 : तो करें का? इ बियाहु रोकै का तो चही, पर यू रुकिहै कइसे?

पुरुष-2 : चलौ हो, मुखिया सुखलाल भइया ते सलाहै करिहै चलिकै।

पुरुष-1 : चलौ।

(जाते हैं)

महिला-1 : रधिया बिचारेउ का देखौ तो कहाँ जाइके फँसी?

महिला-2 : भई, हमरे युगन की अऊर बात रहै। हम तौ ग़रीब गइया तरीक़ा से जाने पठै देयौ, चली जइत रहैं।

महिला-1 : घरवाला चाहे मारे, कूटै, जऊन कुछ करै, सहिबे का रहै।

महिला-2 : पर आज-कल की बिटैया इ सब जुलुम कहाँ लौ सहित है?

महिला-1 : रधिया तो दुखिया अपने बापई के बिदिकै सब कुछ करत है।

महिला-2 : अरे, तो बाप से को कहिस रहै कि दस-दस बच्चन की लैन लगावै? बाप ग़लती केर और भुगते बिटिया? यह तो कउनौ न्याय नाहीं कहा जइहै।

महिला–1 : हाँ री बहिनी, रधिया क्यार संग बहुतए भारी अन्याय हुइ रहा है। यहु बियाहू रोकै का चही।

महिला–2 : हम जनी का कर पइबे? औरौ लोगन का इकट्ठा करिबे का हुइहै।

महिला–1 : सो तो हुई। अब तुम ही बताए देओ। हमका तो कुछौ नाहीं सुझाई देत।

महिला–2 : यू सगरो नाटक हुओ तो मुखिया सुखलाल भइया के चौतरा पर। इकेर मतलब यू हुआ कि मुखिया नाटक करैनेवालन केर साथ देइ रहे हैं। ई बात समझ में आई।

महिला–1 : अरी हाँ हो। तुम्हारी बात तो हमका बिल्कुल ठीकै लगत है। तो चलिके मुखिया जी के घरै जात हैं। मुखियाइन सन्तोबहन केर सुभाव बहुतई नीक है।

महिला–2 : चलो, हुअई चलित ही।

(जाती हैं। इधर मीता और प्रकाश अपने साथियों के साथ)

रामू : मीता दीदी, नाटक तो बहुतै अच्छा हुइ गया।

गीता : सबै लोगन का बहुतै नीक लगाएइस लागत है।

मीता : सिर्फ़ पसन्द आने से बात नहीं बनेगी। हमें तो उनका साथ चाहिए।

प्रकाश : मुझे तो लगता है मीता कि सारे दर्शक अब रधिया और रामू के साथ हैं।

कंचन : दीदी, यु जाजिम औ पिट्रामिक्स अब उठावै का चही।

मीता : हाँ–हाँ, सब कुछ उठाकर सुखलाल जी को दे आओ। बदरी तुम भी ज़रा हाथ लगा दो।

रामू-बदरी : अच्छा दीदी।

मधु : के दीदी, ई मुखौटा से हम बिल्कुल बुढ़ियाई लगित रहै का?

प्रकाश : *(हँसता हुआ)* रतनसिंह तो क्या, मैं भी तुम्हें देखकर डर गया था।

(मुखिया सुखलाल का प्रवेश)

सुखलाल : परकास भइया, मीता बहिनी, बधाई हो तुमको, बधाई हो। नाटक सफल हो गया।

मीता : नाटक को सफल तो तब मानेंगे जब इस ब्याह को रोकने में सफलता मिले।

सुखलाल : ये देखिए, कितने लोग मेरे पास आ गए हैं। सभी का कहना यही है कि इस बियाह को रोकना चाहिए। कुछ महिलाएँ तो मुखियाइन के पास भी पहुँच गई हैं।

मीता : तब तो मुखिया जी, हम सबको इसी वक़्त रतनसिंह के घर पहुँच जाना चाहिए।

(लोगों का हलका शोर)

सुखलाल : *(ऊँची आवाज़ से)* भाइयो...सुनिए...!

पुरुष-1 : यहु बहुतई ग़लत हुइ रहा है।

पुरुष-2 : इस बियाहू का रोकैका चही।

पुरुष-1 : एक बुढ़ऊ के संग रधिया क्यार बियाहु नाहीं हुइ सकत है।

पुरुष-2 : कबहूँ नाहीं हुइ सकत है।

सुखलाल : भाइयो, ज़रा शान्त हो जाइए। मैं भी यही कहना चाहता हूँ।

(कोलाहल शान्त होता है)

प्रकाश : भाइयो और बहनों! आपने नाटक में जो कुछ देखा वह कोई दिमाग़ से जोड़ी हुई कहानी नहीं थी।

मीता : रधिया के साथ जो अन्याय हो रहा है, उसी की यह बात है। क्या आप अपनी बेटी के साथ ऐसा अन्याय होने देंगे?

सभी : कबहूँ नाहीं, कहबू नाहीं।

प्रकाश : एक ओर है मजबूर पिता, दूसरी ओर है पैसे की खनखनाहट और बुड्ढे की हवस।

मीता : इन दो पाटों के बीच में पीसी जा रही है एक निर्दोष लड़की, जिसकी इस सारे कांड में कोई ग़लती नहीं।

प्रकाश : रधिया जब पैदा हुई थी तब उसे क्या मालूम था कि उसके पीछे और भी नौ बच्चे पैदा होंगे?

मीता : और उसके पिता को लाचार होकर अपने ही हाथों से अपनी बेटी को बेचना होगा? इस कांड में अपराधी कौन है? रधिया?

कुल लोग : नाहीं-नाहीं, रधिया क्यार बाप।

कुछ लोग : रतनसिंह।

मीता : लेकिन दंड किसे दिया जा रहा है? रधिया को। जिसने कुछ भी नहीं किया।

लोग : इ बियाहू का रोकै का होई। इ बियाहू का रोकै का होइ।

(लोगों का हलका शोर)

सुखलाल : भाइयो, सान्त हो जाइए। सान्त हो जाइए।

(शान्ति)

प्रकाश : देखिए, आप ही लोगों ने दो अपराधियों के नाम बता दिए हैं।

मीता : एक हैं रधिया के पिता जी कालूराम और दूसरे हैं चौधरी रतनसिंह। अब हममें से कुछ लोग कालूराम के घर जाएँगे और कुछ रतनसिंह के घर।

लोगों की मिली-जुली आवाज़ : चलौ-चलौ। अब हि चलित हैं।

प्रकाश : *(धीरे से)* मीता, तुम कालूराम के घर जाओ। मैं रतनसिंह के घर जाता हूँ।

मीता : रामू, कंचन और गीता मेरे साथ चलो। बदरी और मधु प्रकाश के साथ चले जाओ।

(ज़ोर से) तो भाइयो और बहनो, यह रधिया आप ही की बेटी है। आप ही को उस पर किए जा रहे अत्याचार को रोकना है। तो अब चलिए।

(लोगों में बातचीत)

लोग : चलौ-चलौ, जल्दी करौ...देख्यो बरात निकलै ना पावै... रधिया का बचावैका है...चाहे कुछै हुइ जाय...अरे, किसना, तुम कालूराम के घरै जाए रहे हो या रतनसिंह के...हम तो बरात रोकिबे...सन्तोबहन, हम आप क्यार साथ चलिबे... तुम्हारा घरवाला कहाँ गया ?...ऊ देखो, रतनसिंह के मोहरा पर...हुआँ तो निरी भीड़ै जमा हुइ गई है...।

(लोगों का शोर)

प्रकाश : *(दरवाज़ा खटखटाता हुआ)* चौधरी जी, दरवाज़ा खोलो। चौधरी जी। *(खटखटाता है)*

पुरुष-1 : ऊ अब काहे खुलि है ?

पुरुष-2 : वहु तो पीछे केरि कोठरिया माँ छुपि गवा हुइहै।

सुखलाल : चौधरी जी, दरवाज़ा खोलिए। *(खटखटाता है)* चौधरी जी, मैं मुखिया सुखलाल हूँ। दरवाज़ा खोलिए।

रतनसिंह : *(अन्दर से)* क्या बात है ? इस समय क्यों आए हो ? मेरे पास वक़्त नहीं है।

प्रकाश : बहुत ज़रूरी बात है चौधरी जी, दरवाज़ा खोलिए।

रतनसिंह : मैं जानता हूँ क्या ज़रूरी बात है। चले जाओ यहाँ से। मुझे किसी से बात नहीं करनी।

(लोगों में शोर)

पुरुष-1 : अरे ओ डरपोक छछुंदर! दरवाज़ा खोलिहै।

पुरुष-2 : या फिर चुरियाँ ही पहन लेओ।

महिला-1 : वहिके हाथन माँ तो मेहँदी लगी हुई है। बिचारा कइसे दरवाज़ा खोलिहै ?

(शोर)

सुखलाल : सान्त हो जाइए। सान्ति रखिए।

पुरुष-1 : सराफत की भी कौनौ हद होत है।

पुरुष-2 : तोड़े देओ दरवाज़ा औ खींच के लइ आओ बुड्ढे का बाहर।

पुरुष-1 : अबहि वहीका ठीक करित है।

प्रकाश : *(शोर के बीच)* चौधरी जी, सारे गाँववाले आपके ख़िलाफ़ हैं। आप दरवाज़ा नहीं खोलेंगे तो परिणाम बहुत बुरा होगा।

सुखलाल : चौधरी, आख़िरी बार कह रहा हूँ। बात मान जाओ।

रतनसिंह : ठीक है, खोलता हूँ। पहले भीड़ को चुप कराओ।

प्रकाश : भाइयो, आप सब मेहरबानी करके चुप हो जाइए।

(सब शान्त हो जाते हैं। चौधरी दरवाज़ा खोलता है।)

रतनसिंह : बताओ क्या बात है। जल्दी बताओ। मेरे पास वक़्त नहीं है।

(हलकी गुसपुस)

पुरुष-1 : बखत काहे नाहीं है?

पुरुष-2 : ऊ घोड़ी पे जो चढ़िहै।

पुरुष-1 : अरे, घोड़ी तो कब की पहुँचि गई अपने अस्तबल माँ।

(लोग हँसते हैं)

प्रकाश : भाइयो, शान्त हो जाइए। मेहरबानी कीजिए।

(शान्ति छा जाती है।)

प्रकाश : देखिए चौधरी जी, आप रधिया से ब्याह नहीं करेंगे।

रतनसिंह : यह मेरा और कालूराम का मामला है। आप लोग कौन होते हो बीच में दख़ल देनेवाले?

सुखलाल : नहीं चौधरी, कालूराम की बेटी सारे गाँव की बेटी है। रधिया के साथ ऐसा अन्याय हम कोई बरदाश्त नहीं कर सकते।

रतनसिंह : *(गर्व से)* कालूराम को मैंने पाँच हज़ार रुपए नगद दिए हैं। समझे? वो कोई मुफ़्त में बियाह नहीं रचा रहा।

पुरुष-1 : पाँच हज़ार रुपइया देकर लौंडिया खरीदत है? कमीना कहीं को।

पुरुष-2 : यहौ का गाय-बकरी केर सौदा है?

पुरुष-1 : हवसखोर...

रतनसिंह : चुप हो जा बदतमीज़। अपने बीवी-बच्चे को पहले सँभाल। यूँ ही दूसरों के मामले में टाँग लड़ा रहा है। तोड़ दूँगा टाँग।

पुरुष-1 : अरे तू का खाय के टाँग तोड़िहौ।

पुरुष-2 : नाटक मा देख्यो नाहीं बुड्ढे, कैसी टाँग टूटी रहै?

प्रकाश : चौधरी जी, आप लोगों की ज़बान पर ताला नहीं लगा सकते। सारा गाँव आज रधिया के साथ है।

रतनसिंह : लेकिन कालूराम और रधिया गाँव के साथ नहीं हैं—हा...हा...हा... *(हँसता है)* जाकर कालूराम से तो पूछो कि ब्याह मंज़ूर है या नहीं? बाप-बेटी राजी न होते तो क्या यह ब्याह तय होना था?

प्रकाश : कालूराम और रधिया ने अगर मना कर दिया तब तो आपके सामने और कोई रास्ता ही नहीं रहेगा। फिर किससे शादी करोगे?

पुरुष-1 : वहै घोड़ी से, जीके चढ़न जात रहै।

(लोग हँसते हैं।)

प्रकाश : देखिए चौधरी जी, उन्होंने मना कर दिया तो आपके लिए बहुत ही अपमान की बात होगी। ज़मीन पर फेंके हुए थूक को चाटने जैसी।

रतनसिंह : कालूराम मना कर ही नहीं सकता। दस बच्चों का ग़रीब बाप, जाएगा कहाँ? पाँच हज़ार में से आधे तो इस सादी पर ही ख़र्च कर चुका होगा। *(हँसकर)* अब तो वह कुएँ में उतर गया है। वहाँ से लौटने का कोई रास्ता नहीं।

सुखलाल : ठीक है, हम कालूराम से ही बात कर लेंगे।

रतनसिंह : चाहे जितनी बात कर लो, लेकिन पाँच हज़ार रुपए की बात न भूलना।

प्रकाश : ठीक है, ठीक है। उसकी आप फिकर मत करिए। और एक बात अच्छी तरह समझ लीजिए कि रधिया का ब्याह आपके साथ नहीं हो रहा। समझे ? ब्याह आपके साथ नहीं हो रहा।

लोग : हाँ, हाँ, नाई हुई रहो है। हुई ही नाहीं सकत।

(शोर)

दृश्य : चार

नया सवेरा

पात्र-परिचय

प्रकाश	सुखलाल
गीता	मीता
कालूराम	रामू
पुरुष की आवाज़ें–2,	बदरी

(शहनाई की आवाज़)

प्रकाश : अरे, कालूराम के घर तो ब्याह की तैयारियाँ चल रही हैं!

सुखलाल : मीता बहिनी और गाँव के कुछ लोग चबूतरे पर बैठकर हँस-हँसकर बातें कर रहे हैं।

प्रकाश : इसका मतलब, मीता अपने काम में सफल हो गई है।

सुखलाल : परकास भइया, इतनी दूर से आपने कैसे बता दिया कि मीता बहिनी सफल हो गई ?

प्रकाश : ऐसा न होता तो क्या मीता आराम से बैठकर गपशप करती ? चलो, हम भी वहाँ चलते हैं।

गीता : अरे दीदी, ऊ तो देखो, परकास भइया, मुखिया जी और सारे लोग हियाँ आर पहुँचे।

मीता : इसका मतलब वे रतनसिंह का विचार बदलने में सफल नहीं हुए।

(सब पहुँचते हैं। हलका शोर)

सब : राम-राम डॉक्टर साहब!

मीता : क्या हुआ प्रकाश?

प्रकाश : चौधरी कहता है कि वह कालूराम को पाँच हज़ार रुपए दे चुका है।

सुखलाल : और बियाहू तब ही रुक सकता है अगर कालूराम और रधिया भी बियाहू के ख़िलाफ़ हों।

प्रकाश : इतना ही नहीं, कालूराम को सारे पैसे अभी ही लौटाने होंगे। ये लीजिए, कालूराम ही आ गए। उन्हीं से बात कर लेते हैं।

(कालूराम आता है)

सुखलाल : देखो भई कालूराम, रधिया की ज़िन्दगी बर्बाद करने का तुम्हें कोई हक़ नहीं है। यह बियाहू हो ही नहीं सकता।

कालूराम : *(दुख से)* तो तुम का समझत हौ? हम अपनी खुसी से रधिया केर बियाहू करत रहेय? हमरे ऊपर का बीतत रहै ऊ तो ऊपरैवाला जानत हैं।

मीता : मुखिया जी, इस बात को तो कालूराम मान ही गए हैं कि रधिया को रतनसिंह के हाथों में सौंपना, अपने ही हाथों से बेटी का गला घोंटने के बराबर है।

प्रकाश : तो अब सोचना क्या है?

मीता : यही कि कालूराम अपने बीवी-बच्चों के इलाज की बात छोड़ भी दे।

प्रकाश : छोड़ने की ज़रूरत नहीं है। वह सब भी बाद में हो जाएगा।

मीता : तब भी सबसे बड़ी समस्या है रुपए लौटाने की। रतनसिंह ने कालूराम को पाँच हज़ार रुपए दिए थे। रधिया के कपड़े और गहनों में डेढ़ हज़ार रुपए ख़र्च हो गए हैं। दूसरे पाँच सौ दावत के लिए हलवाई को एडवांस दे दिए हैं।

सुखलाल : और पैसे नहीं लौटाए तो रतनसिंह रधिया का पीछा नहीं छोड़ेगा। मामला कुछ उलझा हुआ है।

रामू : वहिका सुलझावै का एक रास्ता सुझाई देत है।

गीता : ऊ का?

रामू : हलवाई तो एडवांस के पैसे वापस लौटा देगा। गहने भी सोनार को लौटाने से काफ़ी पैसे वापस मिल जाएँगे।

कालूराम : फिरियू पाँच सौ के क़रीब कम पड़िहैं।

रामू : ऊ तो गाँववालन से एक-एक रुपइया केर चन्दा लइके अबहीं इकट्ठा हुइ जइ है।

मीता : वैसे इस समय तो सारा गाँव हमारे साथ है। प्रकाश, तुम लोगों की राय पूछ लो।

प्रकाश : ठीक है। अभी पूछ लेता हूँ। *(ज़ोर से)* भाइयो और बहनो! क्या आप सब यही चाहते हैं कि रधिया को इस जुल्म से बचाया जाए?

सब : हाँ-हाँ, बचावै का चही।

प्रकाश : अब कालूराम तो ब्याह रोकने के लिए तैयार है, लेकिन इसमें छोटी-सी समस्या है।

दो-तीन आवाज़ें : का परेसानी है? का हुइ गया?

प्रकाश : ऐसा है कि ब्याह तो तब ही रुक सकता है जब कालूराम रतनसिंह के पैसे लौटा दे।

दो-तीन आवाज़ें : कित्ते पैसे लौटावै का है?

प्रकाश : पाँच सौ रुपए की समस्या है। एक रास्ता यह है कि हम सब अगर एक-एक रुपया भी दे दें तो कालूराम की परेशानी दूर हो जाएगी। आप लोग मुझसे सहमत हैं क्या?

सब : हाँ-हाँ, यू लेओ। अबहीं दिए दइत हन।

सुखलाल : देखो, इस चबूतरे पर टोकरी रखी है। उसी में एक-एक रुपया डालते जाओ।

(लोगों का हलका-हलका शोर और टोकरी में सिक्के गिरने की आवाज़)

मीता : देखो तो प्रकाश, रुपया डालने के लिए लोग आगे धँसे आ रहे हैं। कितनी ख़ुशी की बात है।

प्रकाश : जिस गाँव के लोगों में एकता हो, जहाँ एक का दुख सभी का दुख हो, वहाँ सारी समस्याएँ हल की जा सकती हैं।

सुखलाल : गाँव में एकता तो है परकास भाई लेकिन ज़्यादातर लोग अनपढ़ और ग़रीब हैं।

प्रकाश : इसीलिए, कई परेशानियाँ जो टाली जा सकती हैं, इनका गला दबोच लेती हैं।

मीता : कालूराम को ही देखिए। अगर उन्हें यह मालूम होता कि बच्चे ज़्यादा हों तो खाने की, स्वास्थ्य की, उनकी शिक्षा की और विवाह की ऐसी जटिल समस्याएँ पैदा हो जाएँगी कि उन्हें अपने दिल के टुकड़े को बेचना पड़ जाएगा, क्या वे परिवार छोटा न रखते?

सुखलाल : वह क्या कर लेते?

प्रकाश : आपके गाँव में तो अब स्वास्थ्य केन्द्र है मुखिया जी। आपको ही यह बात समझानी होगी कि गाँव का प्रत्येक व्यक्ति स्वास्थ्य केन्द्र में जाकर अपने और अपने परिवार के सभी सदस्यों के बारे में डॉक्टर से बातचीत करे।

मीता : और आजकल तो प्रकाश ही स्वास्थ्य केन्द्र में है। आज के नाटक के बाद सभी ने उनको अच्छी तरह जान लिया है।

कालूराम : डागदर भइया, हम कल्लै सुबेरे तुम्हरे पास अइबे। सोनू-मोनू औ पहिकी अम्मा कर बेमारी ही तो हमरी मजबूरी क्यार कारण रही।

प्रकाश : ज़रूर आना। लेकिन पहले हम आज की बात करें।

रामू : परकास भइया, मुखिया जी, देखौ, निरे रुपइया इकट्ठे हुइ गए।

प्रकाश : अच्छा? कितने हुए? गिनती शुरू करें क्या?

रामू : नाहीं–नाहीं, अबहूँ कुछ लोग डाल रहे हैं।

कालूराम : परकास भइया, तुम्हारा अहसान हम ई जनम माँ तो का अगले जनम माँ ऊ नाहीं चुका पइबे।

प्रकाश : क्या बात करते हो कालूराम! इसमें एहसान की क्या बात है! एहसान तो आप मुझ पर करोगे अगर...

कालूराम : अगर का? तुम जौन कहिहौ, हम करै को तैयार हन।

प्रकाश : यही कि अब और बच्चे पैदा नहीं करने हैं कालूराम। ऑपरेशन करवा लो।

कालूराम : इतने बच्चन का पाछे हमरे ऊपर जौन बीती है तो हम ही जानत हन। डागदर भइया, अब हम ज़रूर आपरेसन करवा लेबे।

रामू : परकास भइया, अब हम रुपइयो गिन लें?

प्रकाश : मुखिया जी, कालूराम, बदरी, मीता सब आ जाइए।

सब : का बात है?

प्रकाश : टोकरी में तो पैसों का ढेर हो गया। अब इसे गिनकर सुरक्षित स्थान पर रखना है।

मीता : *(ख़ुश होकर)* तो अब ब्याह नहीं हो रहा, यह बात तो पक्की है न?

कालूराम : बिल्कुल सोलो आना। ई मा कोनौ मीनमेख नाहीं।

प्रकाश : तो सबसे पहले कालूराम, आप रतनसिंह के घर जाइए। नहीं तो उसकी बरात यहाँ आ पहुँचेगी और बेकार में कहासुनी शुरू हो जाएगी।

कालूराम : अबहिं जाइत हन। मुखिया भइया, तुमहूँ साथे मा चलिहौ? परकास भइया, तुम भी चलौ न। तुम्हरे संग से हमरी हिम्मत बनी रहिहै।

सुखलाल–

प्रकाश : चलो, यही बात है तो हम भी चलते हैं।

(जाते हैं)

मीता : रामू, गीता और बदरी, तुम लोग वह टोकरी लेकर इधर आ जाओ। अब गिनती शुरू करनी है।

रामू : हाँ दीदी, अबहिं लइ आइत है।

मीता : देखो गीता, तुम नोट अलग करती जाओ। और बदरी, तुम रुपए के सिक्के अलग करो।

रामू : हम बाक़ी रेचगारी अलग करित हन। लेकिन रखिबे कहाँ?

मीता : रामू और बदरी, तुम अपने-अपने गमछे बिछाकर उसी में डालते जाओ। गीता तुम इस खँजरी में डालती जाओ।

(खँजरी की आवाज़-तीनों अपनी-अपनी गिनती कर रहे हैं-एक, दो, तीन, चार, पाँच... आवाज़ हलकी होती जाती है।)

मीता : अरे, ये लोग वापस भी आ गए?

रामू : दीदी?

मीता : मुखिया जी वग़ैरह। वह देखो आ रहे हैं।

गीता : लगता है, चौधरी भइया मानि गए हैं।

(तीनों आते हैं)

मीता : आप लोग तो खोटे सिक्के की तरह लौट आए!

प्रकाश : अरे, वहाँ तो महायुद्ध होनेवाला था।

रामू-बदरी-गीता : ऐं... ? ई का कहत हो तुम?

सुखलाल : रतनसिंह ने तो सोच लिया था कि कालूराम पैसे लौटा नहीं पाएगा, इसलिए बियाह रोकने का सवाल ही नहीं है।

कालूराम : वही की घोड़ी सजी भई खड़ी रहै। औ ऊ खुदहूँ सेहरा बँधवावत रहै।

प्रकाश : उसी समय हम पहुँचे और हमने कहा कि चौधरी जी, यह शादी नहीं होगी।

सुखलाल : यह सुनते ही बुड्ढा ग़ुस्से से काँपने लगा, जैसे आँधी में सूखा पत्ता! *(हँसी)*

कालूराम : औ लड़खड़ाती बोली मा कहैलगा, "पहिले हमरे पाँच हज़ार निकाल। वापस कर हमरी पाई पाई।"

प्रकाश : तब मैंने कहा, "ये लीजिए तीन हज़ार नगद। बाक़ी के दो हज़ार कल सुबह मिल जाएँगी।"

मीना : चौधरी ने तो एक-एक नोट गिना होगा?

प्रकाश : अरे वो तो शेर की तरह गरजकर बोला, "दफ़ा हो जाओ हरामज़ादो!"

सुखलाल : और हम उलटे पाँव खिसक गए।

प्रकाश : *(हँसकर)* क्योंकि वहाँ एक पल भी रुकते या एक अक्षर भी बोलते तो धमाके के साथ ज्वालामुखी फट जाता।

सुखलाल : *(हँसकर)* और हमारी सायद हड्डी भी हाथ न आती।

(सभी हँसते हैं)

प्रकाश : अच्छा, बाक़ी पैसे गिन लिये रामू?

रामू : हाँ, हमरे पास एक-एक रुपइया केर सिक्का है। दुई सौ पाँच हुइ गए।

बदरी : औ हमरी रेचगारी है पचहत्तर रुपइया क्यार।

गीता : ई नोटें हैं तीन सौ चवालीस।

कालूराम : इत्ते सारे रुपया?

सुखलाल : दो सौ पाँच, पचहत्तर और तीन सौ चवालीस। कुल कितने हुए?

प्रकाश : ये हो गए छह सौ चौबीस।

सुखलाल : इसमें मेरे पाँच जोड़ो।

प्रकाश : मेरे और मीता के भी पाँच-पाँच।

गीता : हमरे हुई।

बदरी : हमरे ऊ हुई।

रामू : औ हमरे ऊ हुई।

सुखलाल : तो छह सौ चौबीस और पाँच और पाँच...और...

प्रकाश : कुल हुए छह सौ पैंतालीस।

मीता : कालूराम जी, अब सुबह सबसे पहला काम करना है हलवाई से एडवांस वापस लाने का।

रामू : ऊ तौ आई गए!

कालूराम : अच्छा? ऊ कइसे?

रामू : हलवाई से पैसे लाने की तुम्हरी बातचीत चलत रहै वही बेरिया बदरी लइ आवा रहै।

बदरी : हाँ, यू लेओ।

मीता : तो फिर रहा गहनों का सवाल! वह काम सुबह ही कर लेना।

कालूराम : सुबेरा होतै हम सोनार केर घरै पहुँचा जइबे। *(कुछ झिझककर)* मुला मीता बहिनी, एक बात है!

मीता : अब क्या बात है?

कालू : रधिया क्यार हाथन या मेहँदी लागी है। वहिकेर बियाहौ करहै है। बिटेवा जुआन हुई गई है। अगर तुम सबै ठीक समझौ तो... *(रुककर)* रामू से वहिका बियाहौ ना करि दें?

(सब हँसकर तालियाँ बजाते हैं।)

प्रकाश : वाह कालूराम वाह...! सब बताओ भई। यह आइडिया हमारा नाटक देखकर तो नहीं आया?

कालूराम : हाँ-हाँ, नाटकै मा देखा रहै तब से हम सोचित रहन कि रतनसिंह की जगह अगर रामू हमार दामाद होतै तो रधिया का स्वर्ग केर सुख मिल जातै!

सुखलाल : का रामू? सरमा क्यों रहे हो? कालूराम जी का प्रस्ताव मंजूर है?

रामू : *(शरमाता हुआ)* अब हम का कहि सकित है? तुम पंचे जौन ठीक समझौ...

प्रकाश : तो बजाऊँ ढोल? सारा गाँव अभी इकट्ठा हो जाएगा। वैसे शुभ मुहूर्त तो है ही।

मीता : कितने बजे हैं?

प्रकाश : ग्यारह।

कालूराम : यहै तो फेरे केर महूरत है!

सुखलाल : तो फिर देर किस बात की ?

मीता : हाँ भई, शुभस्य शीघ्रम्। प्रकाश तुम ढोल बजाओ और मैं खँजरी बजाती हूँ।

गीता : दीदी, खँजरी मा तो रुपइए धरे हैं!

मीता : अब तो सारे पैसे एक ही गमछे में बाँध लो और तुम ही खँजरी बजाओ।

गीता : ठीक है दीदी।

(प्रकाश ढोलक बजाता है और गीता खँजरी बजाती है।)

प्रकाश-मीता : आओ जी आओ ब्याह देखो।

सब : आओ जी आओ ब्याह देखो।

प्रकाश-मीता : रामू-रधिया का ब्याह देखो।

सब : रामू-रधिया का ब्याह देखो।

प्रकाश-मीता : रधिया की डोली को देखो।

सब : रधिया की डोली को देखो।

प्रकाश-मीता : रामू की घोड़ी को देखो।

सब : रामू की घोड़ी को देखो।

सुखलाल : अरे भई, घोड़ी कहाँ है ? हम तो बरात निकालनी ही भूल गए!

बदरी : रतनसिंह वाली घोड़ी कइस नीक तैयार है। अबही वहैका लइ आइत हन।

प्रकाश : बदरी, घोड़ी को ऐसे भगाना जैसे रेस के मैदान में भगा रहे हो!

बदरी : *(जाते हुए)* तुम परेसान काहे करत हौ ?

मीता : गीता, तुम और कंचन कुछ फूल लेकर रामू का सेहरा बना दो। बस, बाक़ी तो सब तैयार ही है।

प्रकाश : और बराती ?

मीता : बराती सारा गाँव! और रामू, तुम्हारे बापू और अम्मा को जल्दी ख़बर करो।

प्रकाश : वाह भई वाह! *(ढोल बजाकर)*
रधिया की डोली को देखो,
रामू की घोड़ी को देखो।

मीता-गीता : ठुम्मक ठुम्मक ठुम्मक
हाँ भाई, ठुम्मक ठुम्मक ठुम्मक।

(सब ज़ोर से हँसते हैं। शहनाई का स्वर सुनाई देता है।)

दृश्य-पाँच

नया जीवन

पात्र-परिचय

प्रकाश	रधिया—18
रामू	मीता
बदरी	गीता

(शहनाई का स्वर। तेज़ी से घोड़ी दौड़ने की आवाज़)

प्रकाश : यह लो, बदरी भी आ गया। मीता...मीता कहाँ है रामू?

रामू : ऊ तौ अन्दर गई है, रधिया के पास।

प्रकाश : रधिया तो ख़ुशी से झूम रही होगी।

रामू : हाँ, परकास भइया, तुम तौ वहिका नरक से सीधा स्वर्ग मा बिठाइ दियौ।

प्रकाश : हम सब ने रामू। गाँववालों ने भी कितना अच्छा साथ दिया!

रामू : सो तो है। फिरिऊ तुम्हरी अगुआनी न होती तो—

प्रकाश : अगुआनी मीता की। वही ठानकर निकली थी कि रधिया और चौधरी का ब्याह रोकना है।

रामू : तुम दोनों हू क्यार हमरे ऊपर बहुतै बड़ा उपकार है।

प्रकाश : छोड़ो वह सब।

गीता : यह लो सेहरा।

बदरी : और घोड़िऊ तैयार है। चलौ बइठ जाओ। नहीं तो फेरे क्यार महूरत निकल जइहै।

प्रकाश : मीता ने कहा नहीं शुभस्य शीघ्रम्? आओ रामू।

(रामू घोड़ी पर बैठता है।)

प्रकाश : मैं ढोल बजाता हूँ। बदरी तुम नाचो। तुम्हें देखकर और लोग भी शामिल हो जाएँगे।

(प्रकाश ढोल बजाता है। शहनाई का स्वर सुनाई देता है। लोगों का शोर)

(शान्ति)

(पक्षियों का कलरव)

रामू : *(धीरे से)* रधिया, ओ रधिया।

रधिया : *(नींद में)* अँ—

रामू : उठ, सुबेर हुई गया। कित्ता सोइ हौ।

रधिया : (धीरे से) रात भर तो सोनै नाहीं दियौ।

रामू : *(हँसकर)* गुस्सा मत हो हमेरी रानी।

रधिया : तुमहूँ थोड़ा सोए लेओ मेरे राजा! तुमहूँ तो रात भर नाहीं सोए।

रामू : अब का नींद अइहै? रधिया, कल जौन भवा ऊ सब, एक सपना अस लगत है। है न?

रधिया : हाँ रामू। डागदर साहब और दीदी तो देउता है देउता!

रामू : ऊई ना होत तो आज की सुबह तुम रतनसिंह केर बगल मा होती।

रधिया : कैसी अशुभ बातें करत है सुबेरे-सुबेरे।

रामू : माफ़ करौ, माफ़ करौ। ग़लती हुइ गई। कान पकड़ित है।

रधिया : बस-बस, नाटक तो कल हई गवा। अब दूसरो नाटक करै की ज़रूरत नाहीं।

रामू : रधिया, कल दीदी तुमका कोई ख़ास बात कहिन रहै?

रधिया : हाँ, कहित रहे कि रामू का लइके डागदर साहब से मिल आयो।

रामू : हमको परकास भइया कहित रहै कि काल रधिया का लेइकर चले आओ।

रधिया : पता नहीं का बात हुइ है?

रामू : ज़रूर कोई अच्छी बात हुई। हमरे फायदे केर।

रधिया : तो चलो, अब उठी जाए हैं।

(रधिया की पाजेब की आवाज़)

रामू : *(धीरे से)* रधिया, आज हम बहुत-बहुत-बहुत खुस हूँ।

रधिया : औ हमहूँ। हमका तो नवा जीवन मिला है। हम मौत केर मुँह से लौट आई हन।

रामू : *(भावुक होकर)* रधिया, हमरी रानी।

रधिया : *(भावुक होकर)* रामू...

(शान्ति)

रामू : हम भीतर आ जाई परकास भइया?

प्रकाश : आओ-आओ रामू! रधिया कहाँ है?

रामू : ई रही। पाछे छुपिकै खड़ी है।

प्रकाश : देखो रामू, अब ज़माना बदल गया है। *(हँसकर)* अब तो महिलाएँ आगे और हम पीछे।

रामू : *(हँसकर)* आओ रधिया, आगे आइ जाओ।

रधिया : *(धीरे से)* नमस्ते डागदर साहेब।

प्रकाश : नमस्ते रधिया, कैसी हो तुम?

रधिया : बिल्कुल ठीक हन डागदर साहेब।

प्रकाश : तो रामू, हमारा नाटक आख़िर सफल हो ही गया।

रामू : हाँ परकास भइया, हमरा सपना सच हुइ गवा। वैसे हम तो उम्मीदै छोड़ बैठे रहन।

प्रकाश : अब देखो रामू, और रधिया, तुम भी ध्यान से सुनो। भविष्य में तुम्हारे गाँव में किसी भी लड़की के साथ ऐसा अन्याय हो तो तुम दोनों वही करोगे जो हम सबने इस बार तुम्हारे लिए किया। ठीक है?

रामू : यहौ कौनो कहन की बात है परकास भइया?

रधिया : हमरे ऊपर का बीती है ऊ तो हमही जानित है, डागदर साहब। हम तो कहिबे कि दुसमन के साथै ऐस न होए जो हमरे साथै भवा है। *(कुछ अन्यमनस्क होकर)* कौन उमंग से लड़की बियाह के सपने देखत है और कहाँ जाएके गिरत है!

प्रकाश : तुम्हारे साथ जो कुछ भी हुआ रधिया, उसका कारण तो जानती हो न?

रधिया : हाँ, जानित है। वहौ बप्पा केरे मजबूरी रहै।

प्रकाश : लेकिन वह इतने मजबूर क्यों हो गए?

रधिया : हम इत्ते सारे भाई-बहन जो हैं। बेमार अम्मा, सोनू-मोनू वहौ बेमार—बिचारे का करत?

प्रकाश : तो इससे तुम्हें एक सबक़ सीखना है। जानती हो क्या?

रामू : हम जानित है। यहै ना कि छोटा परिवार सुखी परिवार।

(सभी ज़ोर से हँस पड़ते हैं।)

प्रकाश : हाँ रामू। वह बात तो सोलह आना सच है, लेकिन तुम दोनों को उसके लिए कुछ बातें समझनी होंगी। रधिया, तुम तो पढ़ी-लिखी हो न?

रधिया : हाँ डागदर साहेब, हम आठवीं किलास पढ़ै हन।

प्रकाश : और रामू तुम?

रामू : हमऊ आठवीं किलास।

प्रकाश : अरे! दोनों सिर्फ़ आठवीं तक पढ़े हों? आगे क्यों नहीं पढ़े?

रामू : हमरे गाँव मा मिडिल इस्कुल हई ऊ आठवीं किलास तकइ हइ।

प्रकाश : तो रामपुर यहाँ से कितनी दूर है? वहाँ तो बारहवीं तक का स्कूल है। वहीं चले जाते।

रामू : ऊ तो हमरे हाथ का बात नाहीं पकरास भइया! हमरे बप्पा बोलै, "बस-बस, बहुत पढ़ लियौ, अब खेत मा काम करौ।" तब से हम खेती करित है।

प्रकाश : और रधिया, तुम आगे क्यों नहीं पढ़ी?

रधिया : हम औरतन का जात। हम गाँव से बाहर नाहीं जा सकत, औ फिर हमरे छोटे-छाटे भाई-बहिनी, बेमार अम्मा...

प्रकाश : तुम्हारी मीता दीदी को देखो। कितना पढ़ी है। कितना काम कर रही है। उसकी हिम्मत तो देखो। तुम्हारी ज़िन्दगी बदल डाली। रधिया, यह हिम्मत चारदीवारी में बन्द रहकर नहीं आती। अब तुम भी बाहर निकलोगी और तुम दीदी की मदद करोगी। ठीक है न?

रधिया : काम करना तौ हमका बहुत नीक लगित हई। मुला ई को कहै हौ हमका करन देवै।

प्रकाश : क्यों नहीं करने देगा? रामू, रधिया मीता दीदी के साथ काम करे इसमें तुम्हें कोई एतराज़ है?

रामू : एतराज? रधिया दीदी क्यार संग औ हम परकास भइया क्यार संग।

प्रकाश : और हम सब एक संग।

(सब हँसते हैं)

प्रकाश : तो यह बात तो पक्की हो गई। *(हँसते हुए)* अब रही वह छोटा परिवार, सुखी परिवार की बात! देखो, रधिया अभी काफ़ी छोटी है। क्या उम्र है तुम्हारी?

रधिया : अठरौ।

प्रकाश : तीन-चार साल तो वैसे ही निकल जाने दो। देखो, बच्चा यानी आनन्द और ख़ुशी। लेकिन उसके साथ बहुत बड़ी ज़िम्मेवारी भी। सभी माँ-बाप चाहते हैं कि वे अपने बच्चे

को पौष्टिक खाना खिलाएँ, अच्छी शिक्षा दें, उसे अच्छा इनसान बनाए। पर रधिया की तरह दस भाई-बहन हों, पिता जी की आमदनी कम हो तो क्या होता है, यह तो हम सबने देख ही लिया।

रधिया : हाय राम! वहि केर सोचहू से डर लागित है।

रामू : परकास भइया, तुम बताइ देउ हमका का करन होइबे।

प्रकाश : यह पैकेट रखो। इसे निरोध कहते हैं। और यह काग़ज़ देखो। इस पर जो चित्र बनाए गए हैं उन्हें ध्यान से देखना और इसमें लिखा हुआ पढ़ना भी। इसका प्रयोग करने से...तुम दोनों के चेहरे तो लाल हो गए! शरम आ रही है क्या?

रामू-रधिया : हँ।

प्रकाश : देखो भई, इस शरम की वजह से ही लोग स्वास्थ्य केन्द्र में जाते नहीं हैं और डॉक्टरों से कुछ पूछते नहीं हैं। फिर ढेर सारे बच्चे पैदा करके ख़ुद भी दुखी होते हैं और बच्चों की ज़िन्दगी भी बर्बाद करते हैं।

रामू : तुम ठीक कहित रहै परकास भइया। अब हमरे दोस्तन क्यार हम बताइ देइबे। रधिया, तुमौ अपनी सहेलिन क्यार बताइ देउ। समझी?

रधिया : हाँ। डागदर साहेब, हमका ऊपर तुम बहुत बड़ा उपकार करित हई।

प्रकाश : चलो, अब घर जाओ और मौज करो। बस, एक बात ज़रूर करनी है।

रधिया : ऊई का?

प्रकाश : गाँव के लोगों को तुम्हें स्वास्थ्य केन्द्र में भेजना है। उन्हें समझाना है कि यह कोई शरमाने की बात नहीं है। यह तो सुख की सीढ़ी है।

रामू : हाँ परकास भइया! *(हँसकर)* छोटा परिवार, सुखी परिवार। राम-राम।

प्रकाश : राम-राम।

(जाते हैं। मीता का प्रवेश)

मीता : तो रामू और रधिया आ ही गए तुम्हारे पास। चलो, अच्छा हुआ।

प्रकाश : मीता, लगता है, इस गाँव में अब तुम्हारी वानर सेना ऐसी तैयार हो जाएगी कि तुम्हारा इशारा होते ही ये लोग जान की बाज़ी भी लगा देंगे।

मीता : अब प्रकाश तुम क्यों मुझे मक्खन लगाने लगे हो? अपना कोई उल्लू सीधा करना होगा। अब बता ही दो।

प्रकाश : नहीं–नहीं, ऐसी कोई बात नहीं है।

मीता : अब मुझे ही उल्लू बनाना है क्या? मैं तुम्हें अच्छी तरह जानती हूँ। बताओ क्या बात है?

प्रकाश : *(हँसकर)* मीता, तुम वाकई मुझे आरपार देख लेती हो।

मीता : *(हँसकर)* तुम पारदर्शक जो हो!

(दोनों हँसते हैं)

मीता : अब बताओ भी।

प्रकाश : मीता, बात यह है कि थोड़ी देर पहले बदरी आया था।

मीता : क्या कह रहा था?

प्रकाश : कह रहा था कि यहाँ के स्कूल में जो नई मास्टरनी आई है न, वह बड़ी मुसीबत में है।

मीता : मुसीबत? कैसी मुसीबत? उसे तो इस गाँव में आए मुश्किल से दो महीने हुए हैं!

प्रकाश : मुसीबत तो वह अपने साथ ही ले आई थी।

मीता : वह क्या?

प्रकाश : उसके साथ एक आदमी रहता था। मास्टरनी ने सभी को कहा था कि वह उसका पति है।

मीता : तो क्या वह उसका पति नहीं था? तो फिर कौन था?

प्रकाश : बदरी कहता था कि यहाँ आने से पहले वह जहाँ रहती थी, वहीं पर उसे यह आदमी मिला था। दोनों ने मन्दिर में जाकर चुपचाप शादी कर ली। दोनों में से किसी ने अपने रिश्तेदारों को इस बात की ख़बर नहीं दी।

मीता : तो क्या हुआ? शादी तो हो ही गई। इस लड़की के रिश्तेदार हैं कहाँ?

प्रकाश : वह तो कहीं दूर, किसी गाँव में हैं। और इस लड़की की तो बदली होती रहती है।

मीता : तो फिर?

प्रकाश : यहाँ आने के बाद महीना भर तो आराम से गुज़रा, लेकिन अब सुना है कि वह आदमी कहीं भाग गया है। और... यह लड़की गर्भवती है।

मीता : छी:-छी:-छी:। कैसी बेवकूफ़ लड़की!

प्रकाश : मीता, यह समस्या जुलूस निकालकार या नाटक करके सुलझाई नहीं जा सकती।

मीता : हाँ प्रकाश, बेचारी बड़ी दुखी होगी। शायद आत्महत्या करने की भी सोच रही होगी!

प्रकाश : तो मीता, अब तुम उसके पास जाओ और उसे समझाओ कि वह बच्चा गिराया जा सकता है।

मीता : लेकिन प्रकाश, बदरी को इतनी सारी बातें कैसे पता चलीं?

प्रकाश : बदरी की बहन कंचन उस मास्टरनी से हिली हुई है। जब से उसका आदमी चला गया है, तब से कंचन काफ़ी समय उसी के पास रहती है।

मीता : देखो तो प्रकाश, औरतों पर कहाँ-कहाँ से मुसीबत आ पहुँचती है? और वे बेचारी सहमी-सहमी रहती हैं। रधिया को भी किस खूँटे पर बाँधा जा रहा था!

प्रकाश : यह मास्टरनी भी पढ़ी-लिखी है, पर ऐसे अत्याचार के सामने उसका भी मुँह बन्द हो गया।

मीता : करें क्या? ये लड़कियाँ जैसे समाज में रहती हैं, जिस तरह से उनकी परवरिश हुई है, इसमें उनको अपने बारे में कुछ बोलने का, अपने जीवन के कुछ महत्त्वपूर्ण निर्णय लेने का अधिकार ही नहीं है।

प्रकाश : देखो मीता, हमें यहाँ छह महीने तो हो गए। शायद और दो-चार महीने रहेंगे। फिर हमारी बदली हो जाएगी।

मीता : उससे पहले इस गाँव की सारी लड़कियों को जाग्रत् करना है। सारी औरतों को यह मालूम होना चाहिए कि इस संसार की गाड़ी तब ही चलती है जब इसके दोनों पहिए, यानी औरत और मर्द, बराबर हों। एक मज़बूत हो और दूसरा कमज़ोर हो तो गाड़ी चल ही नहीं पाएगी।

प्रकाश : मीता, मुझे लगता है कि तुम अब उस मास्टरनी के पास हो आओ।

मीता : मैं अकेली जाऊँगी तो वह शायद मुझसे खुलकर बात भी नहीं करेगी। मैं कंचन को साथ लेकर जाती हूँ।

प्रकाश : हाँ, यह ठीक रहेगा। अब तुम देर मत करो।

मीता : ठीक है प्रकाश। तुम भी अपने ऑपरेशन के सामान को तैयार कर लो। मैं उसे लेकर ही आऊँगी।

प्रकाश : तुम्हें अपने आप पर इतना विश्वास है?

मीता : मुझे स्त्री–जाति पर विश्वास है। मनुष्य पर विश्वास है प्रकाश।

(जाती है।)

दृश्य-छह

वानरसेना

पात्र-परिचय

कंचन प्रकाश
ममता सुखलाल
मीता

(दरवाज़ा खटखटाने की आवाज़)

कंचन : ममता बहिनी, ओ ममता बहिनी!

अन्दर से : कौन है?

कंचन : हम। कंचन।

(दरवाज़ा खोलती है)

कंचन : ममता बहिनी, इ हमरी मीता दीदी तुमरे संग बात करन आई है।

ममता : *(झेंपते हुए)* मेरे साथ? मेरे साथ क्या बात करनी है?

मीता : नमस्कार बहन। हमें अन्दर नहीं बुलाओगी?

ममता : ओह! माफ़ कीजिए। आइए-आइए, अन्दर आइए।

मीता : कंचन, तुम्हें रुकना है या जाना है?

कंचन : घर माँ ढेर सारा काम हमरी राह देखित है। हम जाएँ?

ममता : ऐसी क्या जल्दी है कंचन? बैठो न?

मीता : कंचन कपड़ों का ढेर लेकर हैंडपम्प की ओर जा रही थी। मैंने उसे कहा, ज़रा तुम्हारी ममता बहिनी से मिलवा दो, तो सारा काम छोड़कर आ गई। अब उसे जाने दीजिए।

ममता : *(झिझकती है)* जाओगी? अच्छा तो फिर जाओ।

(कंचन जाती है)

मीता : देखो ममता, इस गाँव में कंचन जैसे सब मुझे दीदी कहते हैं। तो मैं तुम्हारी भी दीदी हुई न?

ममता : *(धीरे से)* बिल्कुल ठीक दीदी। *(ज़ोर से)* अरे दीदी, आपका वह नाटक तो बहुत ही अच्छा था। मुझे बहुत पसन्द आया।

मीता : अच्छा? तुमने भी देखा था क्या?

ममता : मैंने ही क्या, सारे गाँव ने देखा था। आपने तो ग़ज़ब ही कर दिया दीदी!

मीता : इसमें और भी कइयों ने साथ दिया था। तभी तो हो पाया। ममता, मैं तुमसे भी यही कहना चाहती थी कि हिम्मत रखोगी तो हर समस्या का हल निकल जाएगा।

ममता : दीदी... *(रो पड़ती है)* दीदी, उस कमीने ने मुझे धोखा दिया। मेरा ज़िन्दगी बर्बाद कर डाली।

मीता : ममता, *(ममता रोती है)* देखो ममता, चुप हो जाओ। मेरी बात सुनो।

ममता : *(सिसकियाँ लेती है)* दीदी, अब मैं किसी को मुँह दिखाने के क़ाबिल नहीं रही।

मीता : तुम्हारे माँ-बाप कहाँ हैं?

ममता : वे तो गाँव में हैं।

मीता : उस आदमी से तुम्हारी शादी हुई थी क्या?

ममता : हाँ दीदी, हम दोनों ने मन्दिर में जाकर शादी की थी।

मीता : तुम्हारे घरवालों को यह शादी मंजूर थी?

ममता : मैंने अभी घर में बताया ही नहीं। लेकिन मुझे लगता है कि बात तो पहुँच ही गई होगी।

मीता : ऐसा क्यों लगता है?

ममता : क्योंकि अभी दो महीने हो गए घर से कोई चिट्ठी नहीं आई। मैंने चार-पाँच ख़त लिखे हैं। किसी का जवाब नहीं आया।

मीता : यानी यह शादी तुम्हारे घरवालों ने मंजूर नहीं की है।

ममता : ऐसा ही लगता है। *(रोती हुई)* और अब तो मेरी जो हालत हुई है, मैं किसे मुँह दिखाऊँ?

मीता : ममता, आज के ज़माने में लड़कियों को ज़रा सावधानी से रहना चाहिए। इस दुनिया में अच्छे लोग भी बहुत हैं लेकिन कुछ इतने स्वार्थी हैं कि वे दूसरे का भला तो सोच ही नहीं सकते।

ममता : *(रोती हुई)* दीदी, उसने मुझे बड़े प्यार से रखा था। मैंने सपने में भी नहीं सोचा था कि वह मुझे इस तरह छोड़कर चला जाएगा।

मीता : वह गया उससे पहले तुम दोनों के बीच कोई बात हुई थी?

ममता : *(रोती हुई)* मैंने जब उसे बताया कि मैं उसके बच्चे की माँ बननेवाली हूँ तो उसने मेरे गाल पर तमाचा मारा!

मीता : बदतमीज़ कहीं का!

ममता : मैंने पूछा, मुझे क्यों मारते हो? मैंने क्या किया है? तो कहता है, बच्चे की इतनी क्या जल्दी है?

मीता : यह बताओ ममता, तुम्हें बच्चा चाहिए क्या?

ममता : वह मेरे साथ होता तो हम तीनों बड़ी ख़ुशी से रह लेते। लेकिन अब, इस हालत में मैं क्या-क्या बर्दाश्त करूँगी?

मीता : तो इस बच्चे को गिरा क्यों नहीं देती?

ममता : वह भी पहले तो बच्चा गिरवाने की ही बात करता था। मैंने कहा, ठीक है, तो मुझे किसी अस्पताल में ले जाओ। तब कहता है, नहीं-नहीं, यह सारा काम तो घर की चारदीवारी के अन्दर चुपचाप होना चाहिए।

मीता : क्यों? इतना डरने की क्या बात है?

ममता : हाँ दीदी, मैंने भी यही कहा था कि इसमें इतना डरने की क्या बात है? आजकल तो कई औरतें गर्भपात करवाती हैं। तो कहता है, हमारी बात अलग है। मैंने घर बैठे ऐसा कुछ करवाने से मना कर दिया।

मीता : ठीक ही किया ममता। ऐसे मामलों में बड़ी सावधानी बरतनी पड़ती है। सारा सामान उबालकर स्टेरिलाइज़ करना होता है। यूँ ही किसी को पकड़ लाओगे तो तुम्हें जान से हाथ धोने पड़ेंगे।

ममता : दीदी, ऐसी ज़िन्दगी से तो मौत ही अच्छी। मैंने अपने ही हाथों से अपना मुँह काला कर डाला।

मीता : ग़लती तो हर इनसान से हो जाती है। हम ग़लतियाँ ही न करते तो *(हँसकर)* ईश्वर कहलाते।

ममता : दीदी, कभी सोचती हूँ, इस बच्चे को जन्म लेने दूँ। वही अपने बाप से बदला लेगा।

मीता : बड़ी भोली हो तुम ममता। बच्चा पेट में जैसे-जैसे बड़ा होता जाएगा, वैसे लोग तुम्हारी ओर उँगलियाँ उठाएँगे, तुम्हें कुलटा कहेंगे। जो आदमी यह सारा कांड करके भाग गया, वह भुला दिया जाएगा और तुम्हारा जीना हराम हो जाएगा।

ममता : तुम ठीक कहती हो दीदी।

मीता : और समझो कि समाज का सामना करके भी तुमने बच्चे को जन्म दे दिया तो बात यहीं पर ख़त्म नहीं होती। बच्चे की परवरिश, शिक्षा... कई बातें हैं। इसमें तुमने थोड़ी सी लापरवाही की तो बच्चा ग़लत रास्ते पर भी जा सकता है।

ममता : दीदी, मुझे बड़ा डर लग रहा है। लगता है, जैसे किसी ने मुझे अँधेरे कुएँ मे गिरा दिया हो।

मीता : मैं तुम्हें उस अन्धकार से प्रकाश में आने के लिए रस्सी दे रही हूँ। उसे पकड़कर बाहर निकल आओ ममता।

ममता : वह क्या दीदी?

मीता : चलो मेरे साथ। इस बच्चे को गिरा दो।

ममता : मैं हत्या करूँ?

मीता : यह हत्या नहीं है ममता। बच्चा पैदा करके उसकी ठीक से देखभाल न कर पाना, वह और भी बड़ा पाप है। इनसान की ज़िन्दगी के साथ इस तरह खेलते नहीं हैं।

ममता : ठीक कहती हो दीदी। दीदी...तुम बहुत अच्छी हो।

मीता : अब मेरे साथ चलो।

ममता : अभी?

मीता : बिल्कुल अभी। ऐसे कामों में समय बर्बाद करना ठीक नहीं है।

ममता : चलो दीदी।

(दोनों चलती हैं। दरवाज़ा बन्द करने की आवाज़)

(संगीत)

प्रकाश : आओ मीता।

मीता : प्रकाश, यह है मेरी छोटी बहन ममता।

ममता : नमस्कार डॉक्टर सा'ब।

प्रकाश : नमस्कार ममता। आओ बैठो। पहले मुझे तुम्हारा ब्लडप्रेशर देखने दो।... *(फुसफुस आवाज़)* बिल्कुल नॉर्मल है।

ममता : *(धीरे से)* दीदी, बहुत दर्द होगा क्या?

मीता : तुम्हें कुछ पता भी नहीं चलेगा।

ममता : कितने दिन इस केन्द्र में रहना पड़ेगा?

प्रकाश : सिर्फ़ एक घंटा।

ममता : अच्छा? इतना सरल होता है यह?

मीता : और क्या? तुम बेकार में डर रही थी। और प्रकाश तो बड़ा कुशल डॉक्टर है।

प्रकाश : *(हँसकर)* मीता का पति जो ठहरा। उसके क़ाबिल नहीं रहा तो घर से बाहर फेंक देगी।

मीता : *(हँसती हुई)* बस-बस, अब काम शुरू करो।

प्रकाश : आओ ममता, अन्दर के कमरे में उस बिस्तर पर लेट जाओ।

ममता : दीदी, डर लग रहा है।

मीता : डरने की कोई बात नहीं है ममता। मैं जो हूँ तुम्हारे साथ!

(सब जाते हैं)

(संगीत)

ममता : *(उनींदी आवाज़)* दीदी, हो गया?

मीता : हाँ, हो भी गया और अब तुम बिल्कुल ठीक हो।

प्रकाश : चाय पीओगी? मीता, ममता को एक कप चाय पिला दो।

मीता : यह लो ममता। धीरे से उठो और चाय पी लो।

(कप-प्लेट, चम्मच हिलाने की आवाज़)

ममता : दीदी, डॉक्टर सा'ब, तुम दोनों देवता हो देवता।

(दोनों हँसते हैं।)

प्रकाश : मुझे देवता नहीं बनना। देवता का स्वर्ग तो बड़ी बोरिंग जगह होती है। अपन तो यहीं रहेंगे।

मीता : ममता, कोई तकलीफ़ तो नहीं हो रही?

ममता : नहीं तो दीदी। अब घर जाऊँ?

प्रकाश : मेरे ख़याल से आधे घंटे तक यहीं लेटी रहो। फिर चली जाना। और आज का दिन ज़रा आराम करना। कुछ दवाइयाँ दे रहा हूँ, वह भी ठीक से लेना।

ममता : जी डॉक्टर सा'ब। आप दोनों का ईश्वर भला करे। उस दिन आपने रामू और रधिया को नई ज़िन्दगी दी। आज मुझे भी नया जीवन मिला।

मीता : देखो ममता, अब तुम्हारा भी एक दायित्व है।

ममता : वह क्या दीदी?

मीता : तुम्हें जब भी कहीं शोषण या अत्याचार दिखाई दे, तुम आज से यह निश्चय कर लो कि उस शोषित, उस पीड़ित का तुम साथ दोगी, उसकी हिम्मत बढ़ाओगी और उस अत्याचार से जब तक वह मुक्त न हो, तुम उसका साथ नहीं छोड़ोगी।

ममता : हाँ दीदी, मैं वचन देती हूँ।

प्रकाश : *(हँसकर)* मीता की वानरसेना में और एक जना भर्ती!

(सभी हँसते हैं)

ममता : तो मैं चलूँ?

प्रकाश : अच्छा ममता, आराम से जाओ।

(जाती है)

(सुखलाल जी आते हैं)

प्रकाश : आइए-आइए मुखिया जी। सब कुछ ठीक है ना?

मीता : बैठिए। क्या बात है? कुछ घबराए हुए से दिख रहे हो!

सुखलाल : परकास भइया, वह रतनसिंह बड़ी धमकियाँ दे रहा है।

प्रकाश : क्यों?

सुखलाल : कह रहा है कि वह रामू को और रधिया के बाप कालूराम को हथकड़ियाँ लगवाएगा।

मीता : मुखिया जी, उन लोगों ने कोई ऐसा काम नहीं किया जो ग़ैरक़ानूनी हो।

प्रकाश : हथकड़ियाँ लगवानी हो तो हम रतनसिंह को लगवा सकते हैं।

मीता : एक इनसान रुपए देकर दूसरे को ख़रीद लेता है। लड़कियाँ क्या बैंगन–मूली हैं?

सुखलाल : वह कह रहा है कि शहर में उसके बेटे का दोस्त बड़ा वकील है। वह आप दोनों पर क़ानूनी कार्रवाई चलाएगा।

(प्रकाश और मीता ज़ोर से हँसते हैं)

प्रकाश : ख़ुशी से चलाए। उसके पास पैसे कुछ ज़्यादा ही हो गए हैं। थोड़े पैसे अदालत में ख़र्च करेगा तो अच्छा ही होगा।

मीता : *(सोचती हुई)* वैसे प्रकाश, मुझे लगता है कि यह रतनसिंह हम दोनों को परेशान किए बिना रहेगा नहीं। हम उसके सबसे बड़े दुश्मन हैं।

प्रकाश : सारी बाज़ी ही तो हमारी वजह से पलट गई। उसका अपमान तो हुआ और रधिया भी उसके हाथ से गई।

सुखलाल : इतना ही नहीं। अब तो सारा गाँव उसके ख़िलाफ़ हो गया है। उस घर में कोई भी अपनी लड़की देने को तैयार नहीं।

मीता : ऐसे कौन से माँ–बाप होंगे जो अपने ही हाथों लड़की की ज़िन्दगी बर्बाद कर दे?

प्रकाश : कालूराम और क्या कर रहा था?

मीता : लेकिन अपनी मर्ज़ी से थोड़े ही कर रहा था?

सुखलाल : और रतनसिंह ने अब रेट बढ़ा दिया है।

मीता : क्या मतलब?

सुखलाल : रधिया के लिए उसने पाँच हज़ार रुपए दिए थे न?

प्रकाश : और अब ज़्यादा दे रहा है क्या?

सुखलाल : हाँ, अब आठ हज़ार देने की कह रहा है फिर भी कोई तैयार नहीं है।

मीता : *(सोचती हुई)* प्रकाश, लड़कियाँ बेचना और ख़रीदना क्या क़ानून के ख़िलाफ़ नहीं है?

प्रकाश : बिल्कुल है। और हमारे संविधान में तो स्त्री और पुरुष के समान हक़ हैं, समान स्वतंत्रता है।

सुखलाल : गाँव के सीधे-सादे लोग संविधान की बात क्या जानें? उनको तो मुखिया जो कहे वह नियम और रतनसिंह जो कहे, वह भी नियम!

मीता : मुखिया जी, क्यों न हम एक तरकीब सोचें। रतनसिंह को हमेशा के लिए ठीक कर देना ज़रूरी है।

प्रकाश : अब और एक नाटक करोगी क्या?

मीता : हाँ, नाटक तो होगा, लेकिन उतने बड़े पैमाने पर नहीं। मुखिया जी, यह तो बताइए कि गाँव में और किसके घर रधिया जैसी बेटी है?

सुखलाल : रधिया जैसी... *(सोचकर)* हाँ, कासीराम की मुनिया रधिया जितनी ही होगी। शायद एकाध साल छोटी हो।

मीता : उसके भी कालूराम की तरह ढेर सारे बच्चे हैं?

सुखलाल : नहीं-नहीं। उसके दो लड़की और एक लड़का है। वैसे रोजगार भी ठीक ही है।

मीता : अहँ...फिर तो वह नहीं चलेगा। और कोई बताइए।

सुखलाल : और...हाँ-हाँ, जग्गू है जग्गू। उसके आठ बच्चे हैं और बेचारे के घर की हालत भी इतनी ठीक नहीं है।

प्रकाश : लगता है कि मीता के दिमाग़ में कुछ चक्र घूमने लगे हैं।

मीता : *(हँसकर)* हाँ प्रकाश, मैं सोच रही हूँ कि हम जग्गू को पहले कॉन्फ़िडेंस में ले लें। और उसे कहें कि वह रतनसिंह के घर जाकर अपनी बेटी रतनसिंह को देने की बातचीत शुरू करे।

प्रकाश : रतनसिंह बड़ा उस्ताद आदमी है। उसे शक पड़ गया कि उसके साथ कोई चाल खेली जा रही है तो वह इस बार हमें ज़िन्दा नहीं छोड़ेगा।

मीता : हम इतने बेवकूफ़ थोड़े ही हैं?

सुखलाल : मीता बहिनी, ठीक है, जग्गू को वहाँ भेज दिया। फिर आगे क्या होगा?

मीता : फिर वह रतनसिंह से कहेगा कि आठ हज़ार रुपए में वह अपनी बेटी देने के लिए तैयार है।

सुखलाल : एक बात बता दूँ आपको। अब के अगर वह बुड्ढा शादी करेगा तो चुपचाप ही करेगा। न ढोल बजेंगे, न बरात निकलेगी। इस तरह फेरे हो जाएँगे कि पड़ोसी को भी पता न चले।

मीता : लेकिन फेरे की नौबत आए तब ना? हम तो उससे पहले ही बुड्ढे को ठिकाने लगा देंगे।

प्रकाश : वह कैसे?

मीता : जग्गू रतनसिंह से कहेगा कि सारा काम बहुत सावधानी से करना होगा, जिससे किसी को शक न हो। इसलिए पैसे का लेनदेन भी गाँव के बाहर हो।

प्रकाश : ब्रिलियन्ट आइडिया!

सुखलाल : हाँ, गाँव के बाहर जो खँडहर है, वहीं करवाइए। और वह भी रात के समय।

मीता : हाँ मुखिया जी, बिल्कुल जासूसी उपन्यास की तरह। जब दिन और समय तय हो जाए तब आप दारोग़ा जी से कहना कि समय से पहले ही उस खँडहर में छुपकर बैठ जाए।

प्रकाश : और फिर इधर रतनसिंह जग्गू को पैसे की थैली देता है, उधर दारोग़ा जी रतनसिंह को हथकड़ी पहना देते हैं। ठीक कहा मैंने?

मीता : चलो, जाते-जाते इस गाँव में और एक अच्छा काम हो जाएगा।

सुखलाल : जाते-जाते क्यों?

मीता : आज ही प्रकाश के तबादले का ऑर्डर आ गया है।

प्रकाश : हाँ मुखिया जी, अगले महीने हम दूसरे गाँव में होंगे।

सुखलाल : यह क्या कह रहे हैं आप? अभी तो यहाँ और भी कई समस्याएँ सुलझानी हैं।

प्रकाश : उसकी आप बिल्कुल फिकर मत कीजिए। मीता की वानरसेना पूरी तरह से तैयार हो गई है। अब तो नई मास्टरनी ममता भी इस सेना में भर्ती हो गई है।

मीता : मैं तो चाहती हूँ, देश के हरेक गाँव में इस तरह की सेनाएँ तैयार हो जाएँ और सब सहयोग से, समझदारी से, सुख से जी सकें।

सुखलाल : आप लोग शायद ठीक ही कह रहे हैं। परकास भइया और मीता बहिनी की तो सभी गाँवों में ज़रूरत है।

प्रकाश : और आप जैसे मुखिया जी की भी। आपका सहयोग न होता तो शायद इतनी सफलता न मिलती।

सुखलाल : तो अब मैं चलूँ। जग्गू से मिलूँ। राम-राम।

प्रकाश-मीता : राम-राम!

चहकता चौराहा

पात्र-परिचय

मिकी — 35 पु.
वीना — 40 म.
माँ — 60 म.
पापा — 65 पु.
नीता — 30 म.
नरेश — 35 पु.
वेटर

(सितार बज रहा है)

मिकी : *(ग़ुस्से से)* बन्द करो यह टें-टें-टें।

माँ : *(धीरे से)* क्या बात है बेटे? अभी तो तुम्हारी आँख भी नहीं खुली और चिल्लाने लगे?

मिकी : तुम लोग चैन से सोने भी नहीं देते।

माँ : सोने नहीं देते? घड़ी की सुइयाँ कहाँ पहुँच गई हैं, कुछ मालूम भी है?

मिकी : *(उबासी लेते हुए)* कितने बजे हैं?

माँ : ग्यारह। अब उठना नहीं है क्या?

मिकी : सिर भारी लग रहा है। नाक भी बन्द है।

(छींकता है)

माँ : देखूँ तो! बुख़ार तो नहीं है?

मिकी : *(कराहता हुआ)* देखो तो माँ!

माँ : *(सिर पर हाथ रखकर)* बिल्कुल ठंडा है। चल उठ। बिस्तर छोड़। ग्यारह बजे तक सोया रहेगा तो दिमाग़ में दीमक नहीं लग जाएगी?

मिकी : रात को दो बजे तक नींद ही नहीं आई थी।

माँ : क्यों?

मिकी : बस, अजीब-अजीब बातें सिर पर मँडरा रही थीं।

माँ : देखो मिकी, इधर-उधर की बातें सोचकर अपना दिमाग़ ख़राब करके तुम अपना ही नुक़सान कर रहे हो।

मिकी : *(ग़ुस्से से)* प्यार से पुचकारने के बजाय तुम तो उलटा मुझे ही डाँटने लगी। माँ हो या क्या हो?

माँ : तो तुम क्या आठ-नौ साल के बच्चे हो? पूरे पैंतीस साल के हो गए। इतने साल क्या पानी में ही बहा दिए?

मिकी : *(फिर से छींकता है। उदास होकर कहता है।)* मुझे भी यही लगता है। न जाने कैसे...कहाँ... इतने साल गुज़र गए। कुछ पता ही नहीं चला। मैं कुछ भी नहीं कर पाया। कैसी निकम्मी ज़िन्दगी है मेरी।

माँ : देखो मिकी, तुम्हारी हर सुबह इसी तरह शुरू होती है। ऐसा कब तक चलेगा?

मिकी : मुझसे जल्दी उठा ही नहीं जाता।

माँ : रात को जल्दी सोया करो।

मिकी : वह भी नहीं होता।

माँ : एक साल हो गया नींद की गोलियाँ खाते-खाते।

मिकी : अब तो उसका असर भी नहीं होता। जैसे सदमे हज़म कर लिये वैसे ये गोलियाँ भी हज़म हो गईं!

माँ : सदमे हज़म कहाँ हुए? उलटा तुम्हारे दिमाग़ को हमेशा के लिए बिगाड़ दिया।

मिकी : *(ग़ुस्से से)* कुछ नहीं हुआ है मेरे दिमाग़ को। जब देखो तब कोसती रहती हो। अब जाओ, अपना काम करो।

माँ : क्या मतलब?

मिकी : मेरा दिमाग़ मत चाटो।

माँ : तमीज़ से बात करो। माँ को इज़्ज़त देना तो सीखा ही नहीं है।

मिकी : जैसा आपने सिखाया वैसा ही कर रहा हूँ।

माँ : चुप हो जाओ। *(दुख से)* क्या पाप किए थे पिछले जनम में कि ऐसा बेटा मिला!

मिकी : पाप मैंने भी कम नहीं किए होंगे।

माँ : वह तो दिख ही रहा है। नहीं तो अब तक कुँवारा थोड़े ही बैठा रहता?

मिकी : अपनी मर्ज़ी से कुँवारा रहा हूँ। लड़की तो जब चाहूँ मिल सकती है।

माँ : वह तो कहने की बात है। तुझे कौन-सी लड़की पसन्द करेगी? किसकी मत मारी गई है?

मिकी : बस करो अब। *(छींकता है)*

माँ : अब मैं भी तुमसे तंग आ गई हूँ। तुमने तो घर को सराय समझ रखा है। अपनी मर्ज़ी से आते-जाते हो। और मैं तुम्हारी नौकरानी, जो वक़्त-बेवक़्त तुम्हें रोटी खिलाती रहूँ!

मिकी : तो क्या अहसान कर रही हो मुझ पर?

माँ : अहसान नहीं तो क्या? तुम मेरा क्या ख़याल करते हो जो मैं तुम्हारे लिए खाना बनाती रहूँ?

मिकी : सभी माँएँ अपने बच्चों के लिए खाना बनाती हैं। तुम कोई ख़ास चीज़ नहीं कर रही।

माँ : लेकिन सभी बच्चे तुम्हारी तरह नहीं होते। अपने माँ-बाप के सुख-दुख को तुम तो जानते भी नहीं। बताओ तो, एक बार भी तुमने मुझसे पूछा है कि मैं ठीक हूँ या नहीं? मुझे भूख-प्यास लगी है या नहीं? सिर्फ़ साँस ही ले रही हूँ या भरी-पूरी ज़िन्दगी जी रही हूँ? ज़िन्दगी में जीने के लिए और भी कुछ चाहिए या नहीं? *(उदास होकर)* लेकिन तुम क्यों ये सब सोचोगे? तुम्हें तो सिर्फ़ अपने से

मतलब है। तुम्हारा खाना-पीना, कपड़े, दोस्त, सैर-सपाटा...

मिकी : *(चिल्लाकर-झल्लाकर)* बस करो अब। मेरा तो सिर फट रहा है और तुम चुप ही नहीं हो रही।

माँ : तो तुम्हें यही चाहिए ना कि मैं चुप रहूँ?

मिकी : हाँ-हाँ-हाँ।

माँ : तो तू भी सुन ले। आज से न तो मैं तुझसे बात करूँगी, न ही खाना बनाऊँगी।

(और वह चली जाती है)

मिकी : हँह, न बनाओ। शहर में ढाबों और होटलों की कमी है क्या? *(टेलीफ़ोन की घंटी बजती है। मिकी फ़ोन नहीं उठाता। माँ अन्दर से चिल्लाती हुई आती है।)*

माँ : फ़ोन तो दिन भर तेरे ही आते हैं। उठाता क्यों नहीं?

मिकी : मैं सो रहा हूँ।

माँ : *(फ़ोन उठाकर)* हलो।

वीना : नमस्कार माता जी, मैं वीना बोल रही हूँ।

माँ : *(रूखी आवाज़ से)* हाँ।

वीना : मिकी है घर में?

माँ : हाँ। *(मिकी से)* यह लो। तुम्हारा है।

(चली जाती है)

मिकी : *(एक-दो छींक के बाद फ़ोन उठाता है।)* हलो।

वीना : हलो मिकी?

मिकी : ओह! आप!

वीना : अभी तक सो रहे थे?

मिकी : नहीं-नहीं, उठ गया हूँ।

वीना : आवाज़ से तो ऐसा नहीं लगता।

(हँसती है)

मिकी : *(झेंपकर)* नहीं-नहीं, ऐसी बात नहीं है।

वीना : *(हँसकर)* तो फिर क्या बात है? पता है इस समय दिन के बारह बज रहे हैं!

मिकी : *(झेंपकर)* जी। आप कैसी हैं?

वीना : मैं बिल्कुल ठीक हूँ। और तुम?

मिकी : बस, ठीक ही हूँ।

वीना : और तुम्हारा जुकाम?

मिकी : है थोड़ा सा।

वीना : और पेट।

मिकी : बस, वैसा ही।

वीना : *(हँसकर)* और दिमाग़?

मिकी : आपको तो सब मालूम ही है।

वीना : मैं अन्तर्यामी हूँ क्या?

मिकी : *(हँसकर)* जी हाँ, मेरे लिए तो हैं ही।

वीना : वह कैसे?

मिकी : मेरे दिल और दिमाग़ को तो आप मीलों दूर से भाँप लेती हैं।

वीना : *(ज़ोर से हँस पड़ती है)* अच्छा, अब बताओ, आज बिस्तर से कब निकलना है और इस तरफ़ कब आना है?

मिकी : दो बजे तक आ जाऊँ?

वीना : ठीक है। लेकिन दो के तीन नहीं बजाना।

मिकी : *(हँसकर)* जी नहीं। वैसे ढाई बज जाए तो आप भी नाराज़ मत होना।

वीना : ठीक है। बाय!

मिकी : बाय!

(.फ़ोन रखता है। अँगड़ाई लेकर चिल्लाता है)

मिकी : माँ, मेरा नाश्ता तैयार करो।

माँ : क्यों? अभी दो मिनट पहले तो कह रहा था कि शहर में ढाबों की कमी नहीं है। भूल गया क्या?

मिकी : ठीक है। कुछ मत बनाना। खा ही लूँगा कहीं न कहीं। तुम्हें तकलीफ़ उठाने की कोई ज़रूरत नहीं।

माँ : माँ को अपने बच्चों से प्यार मिले तो उसे कोई तकलीफ़ महसूस नहीं होती। पर तुमने तो किसी को इज़्ज़त देना सीखा ही नहीं। सिर्फ़ माँ की कोई कीमत नहीं है। बाहर के लोगों के तो आँख के इशारों पर नाचते हो।

मिकी : *(गुस्से से)* तुम कहना क्या चाहती हो ?

माँ : मैंने अभी जो कहा वही। तुम्हें पाल-पोसकर बड़ा करनेवाले, तुम्हारी इतनी हरकतों को बर्दाश्त करनेवालों के लिए तुम्हारे दिल में कोई जगह नहीं है ?

मिकी : देखो माँ! तुम्हारा यह रिकॉर्ड मैं पिछले 25 साल से तो सुन ही रहा हूँ। अब तो रिकॉर्ड भी घिस गया है और पिन भी।

माँ : *(रोती हुई)* मेरी ही ग़लती है जो मैं तुमसे बार-बार उम्मीद करती हूँ कि कभी तो वह दिन आएगा जब तुम्हारी आँखों से पर्दा हटेगा। दिल का मैल धुलेगा। पर मेरी क़िस्मत ने आज तक मेरा साथ नहीं दिया तो अब क्या देगी ?

मिकी : मुझे मालूम था। पहले गालियाँ दोगी। फिर रोओगी। फिर अपने आपको कोसोगी। फिर बिस्तर में लेट जाओगी। घर में कुछ दिन खाना नहीं बनेगा। बातचीत बन्द हो जाएगी वग़ैरह-वग़ैरह। अब तो मैं भी इस नाटक का आदी हो गया हूँ।

माँ : *(रोती हुई)* यहाँ मैं भीतर से मरी जा रही हूँ और तुम इसे नाटक कहते हो ? निकल जाओ यहाँ से। निकल जाओ इस घर से।

मिकी : क्यों निकलूँ ? इस घर पर मेरा भी हक़ है।

माँ : तुम्हारा कोई हक़ नहीं है। तुम हमारे टुकड़ों पर पल रहे हो। हमारी छत के नीचे रह रहे हो। समझे ?

मिकी : *(गुस्से से)* क्या... ? यानी बेटे का अपने माँ-बाप से कोई रिश्ता नहीं ?

माँ : कम से कम तेरा और मेरा तो कोई भी नहीं। यह बात तू ठीक तरह से समझ ले और अब दफ़ा हो जा।

मिकी : ठीक है। जाता हूँ। ज़ोर से पैर पटककर दरवाज़ा धड़ाम से बन्द करके जाता है।

(रास्ते पर ट्रैफ़िक की आवाज़ें। आवाज़ धीरे-धीरे हलकी होती जाती हैं।)

मिकी : नमस्कार वीना जी।

वीना : नमस्कार मिकी। कैसे हो ?

मिकी : ठीक।

वीना : नहीं भाई, ठीक तो नहीं हो ! तुम्हारी हँसी बिल्कुल रूखी-सी है।

मिकी : आपको कैसे पता चल जाता है ?

वीना : अब तो मैं तुम्हें अच्छी तरह जान गई हूँ। तुम्हारी आँखें, ओठ काफ़ी कुछ कह देते हैं।

मिकी : सच। आप तो फ़ोन पर भी कह देती हैं, मानो आपको दिख रहा हो।

वीना : *(ज़ोर से हँसती है)* तो सबसे पहले यह बताओ कि माँ से तो लड़े हो इसलिए कुछ खाया नहीं होगा। सच है ना ?

मिकी : *(झेंपकर)* आपको तो मालूम ही है। माँ मेरी बात को समझती नहीं।

वीना : और तुम माँ को नहीं समझते।

मिकी : माँ तो यही कहती है लेकिन मुझे लगता है कि वह मुझे प्यार ही नहीं करती। बिना प्यार के वह समझ क्या पाएगी ?

वीना : देखो मिकी, किसी संयोग से रिश्ते बनते हैं। उसे निभाना दोनों के ज़िम्मे होता है। हरेक इनसान अगर यह समझे कि दूसरे को बदलने की ज़रूरत है, मैं तो ठीक हूँ, तब तो संसार में कोलाहल के सिवा कुछ भी नहीं रहेगा।

मिकी : लेकिन आप ही बताइए। इसमें मेरी क्या ग़लती है ?

वीना : ऐसा करते हैं मिकी, यहाँ रास्ते में खड़े-खड़े बहस करने के बजाय किसी रेस्तराँ में जाकर बैठते हैं। तुम अपना ब्रेकफास्ट खाओ और मैं लंच। *(हँसती है)*। ठीक है ना?

मिकी : हाँ-हाँ, चलिए। कहाँ चलोगे?

वीना : इसी में चले जाते हैं। यहाँ का मसाला दोसा मशहूर है। पता है तुम्हें?

मिकी : यानी मसाला दोसा मेरा ब्रेकफास्ट और आपका लंच?

वीना : *(हँसकर)* बिल्कुल ठीक। आओ।

(ट्रैफ़िक की आवाज़ बिल्कुल बन्द हो जाती है। रेस्तराँ। के भीतर किसी पुरानी फ़िल्म का गाना धीमा-धीमा बज रहा है।)

वीना : इस रेस्तराँ की यह बात मुझे बहुत पसन्द है। पुरानी फ़िल्मों के धीमे-धीमे गाने। आज के शोर-शराबे वाले गानों को तो गाना भी नहीं कहा जा सकता।

मिकी : जी हाँ।

वीना : आओ मिकी, इस बीच वाली टेबल पर बैठते हैं। दरवाज़े से दूर और अँधेरा कोना भी नहीं।

मिकी : मेरे ख़याल से कोने वाली टेबल ठीक रहेगी।

वीना : वहाँ बैठने में एक खतरा है। तुम्हें या मुझे जाननेवाला कोई हमें उस टेबल पर देखेगा तो सोचेगा कि दोनों के बीच ज़रूर कुछ रोमांस चल रहा है। *(हँस पड़ती है)*

मिकी : नहीं-नहीं, ऐसा कैसे हो सकता है? मैं आपसे छोटा हूँ। आपकी बहुत इज़्ज़त करता हूँ।

वीना : उसका रोमांस से क्या वास्ता? एक-दूसरे को चाहनेवाले इतनी बातें कहाँ सोचते हैं?

मिकी : जी हाँ, आपकी बात ठीक है।

(वेटर आकर पानी के गिलास रखता है।)

वेटर : जी, मेन्यू कार्ड लीजिए।

वीना : हम तो मेन्यू कार्ड को देखे बिना ही बता देंगे। दो मसाला दोसा और दो कॉफ़ी। और कुछ लोगे मिकी?

मिकी : जी नहीं।

वीना : बढ़िया दोसा लाना। हमने यहाँ के दोसों की बहुत तारीफ़ की है।

वेटर : जी मैडम। बढ़िया ही मिलेगा।

वीना : हाँ तो मिकी, देखो, ऐसे गुमसुम न बैठे रहो।

मिकी : नहीं–नहीं। ठीक ही हूँ।

वीना : बिल्कुल ठीक नहीं हो। हमेशा दूसरों को कोसते हो। इसलिए कोई तुम्हारे नज़दीक नहीं आना चाहता।

मिकी : नहीं, ऐसी बात तो नहीं है। बहुत लोग मेरी इज़्ज़त करते हैं। मुझे प्यार भी देते हैं।

वीना : उन रिश्तों को तुम ग़ौर से देखोगे तो समझ पाओगे कि वे वही लोग हैं जिनको तुमसे कुछ काम है। उन कामों के लिए उनके पास और कोई नहीं। और चूँकि तुम घर पर लड़ते–झगड़ते हो, तुम्हारे लिए खाना नहीं पकता, नाश्ता नहीं बनता, तुम्हें जो खिलाए–पिलाए वो तुम्हें अच्छे लगते हैं।

मिकी : नहीं–नहीं। यह बात ठीक नहीं है। मेरे दोस्त राकेश के घर में मेरी बहुत ख़ातिर होती है। उनकी माँ, बीवी, बेटा सब, मैं जब भी जाऊँ, खिलाते–पिलाते रहते हैं।

वीना : लेकिन तुमने सोचा है कि ऐसा क्यों होता है?

मिकी : इसमें सोचना क्या? जो है सो है।

वीना : नहीं मिकी। यह बात नहीं है। गीता का पति राकेश तुम्हारा ख़ास दोस्त था। शराब की बुरी आदत ने उसकी जान ले ली। अब उसकी तीस साल की पत्नी और छह साल का बेटा तुम्हारे सहारे हैं।

मिकी : नहीं–नहीं, यह बात नहीं है। राकेश की माता जी भी तो हैं।

वीना : वह पुराने ख़यालात की माँ और कम पढ़ी–लिखी उसकी बहू तुम्हारी मदद के बिना कैसे जी सकते हैं? तुम्हीं ने तो अब राकेश की जगह ली है!

मिकी : लेकिन उनकी मदद करना मेरा फ़र्ज़ भी तो है।

वीना : हाँ मिकी, लेकिन उसके साथ एक और उम्मीद भी बनी रहती है कि तुम गीता का हाथ थाम लोगे, उसके बेटे को अपना बेटा बना लोगे। तुम उसे प्यार भी तो पिता का ही दे रहे हो!

मिकी : बेचारे बच्चे का क्या दोष? उसके लिए तो मैं उसका बाप जितना करता था उससे कई गुना ज़्यादा करना चाहता हूँ।

वीना : यह तो ठीक है मिकी, लेकिन हम जो बात कर रहे थे उससे इस बात को जोड़ो और फिर समझने की कोशिश करो कि गीता तुम्हारा इतना ख़याल क्यों करती है?

मिकी : ठीक है, राकेश की बात छोड़िए। सीमा के घर में भी यही होता है।

वीना : वहाँ भी एक कुँवारी बेटी और विधवा माँ है। आज के समाज में बिना पुरुष के घर में क्या–क्या मुसीबतें नहीं आतीं?

मिकी : वो इनसानियत के नाते ये मेरा फ़र्ज़ नहीं बनता कि मैं उन असहाय औरतों की मदद करूँ?

वीना : देखो मिकी, तुम फिर भूल गए। हम यह बात कर रहे थे कि तुम जिन घरों में जाते हो वहाँ तुम्हारी ख़ातिर इसलिए होती है कि उन्हें तुम्हारी ज़रूरत है। इसलिए नहीं कि वे तुम्हें प्यार करते हैं।

वेटर : ये लीजिए, आपका दोसा और कॉफ़ी।

वीना : थैंक्यू।

(नीता और नरेश आते हैं।)

मिकी : वीना जी वहाँ देखिए, ये मेरी दोस्त आ रही हैं, नीता और उसका पति नरेश। मैंने आपको बताया था ना नीता के बारे में?

वीना : हाँ, देखो, यहीं आ रहे हैं। अच्छा हुआ न हम उस कोनेवाली टेबल पर नहीं बैठे?

(दोनों हँसते हैं)

नीता : हेलो मिकी! क्या हाल है?

मिकी : *(छींकता है)* फाइन। और तुम?

नीता : तुम्हारी छींकें अभी बन्द नहीं हुईं?

(सभी हँसते हैं)

मिकी, इनसे मिलो, मेरे पति नरेश।

मिकी : नमस्कार! इनसे पहले भी एक बार मुलाक़ात हुई है। कनाट प्लेस में।... और ये हैं वीना जी।

वीना : नमस्कार।

नरेश-नीता : नमस्कार।

नीता : आजकल क्या कर रहे हो मिकी? करोलबाग के चक्कर या और भी कुछ?

मिकी : कुछ ख़ास नहीं।

नरेश : कभी हमारे घर भी आइए ना? इन एक मिनट की मुलाक़ातों से दिल नहीं भरता।

वीना : आप बैठिए ना? क्या लेंगे आप दोनों? दोसा लेंगे?

नरेश : नहीं-नहीं, आप लीजिए। हम आप दोनों को डिस्टर्ब नहीं करेंगे।

वीना : नो डिस्टर्बेंस। वैसे जैसी आपकी मर्ज़ी।

नीता : अच्छा मिकी, सी यू।

मिकी : ओ के

(नीता-नरेश जाते हैं)

वीना : लगता है, नीता तुम्हारी पुरानी और बहुत क़रीबी मित्र है! *(हँसकर)* तुम्हारी छींकों को भी पहचानती है।

मिकी : *(झेंपकर)* जी हाँ। एक ज़माने में बहुत अच्छी तरह जानती थी।

वीना : तुम उसे चाहते थे ?

मिकी : हाँ, बहुत।

वीना : तो फिर क्या हुआ ?

मिकी : उसे नरेश मिल गया।

वीना : क्या मतलब ? तुम उसे चाहते थे और वह तुम्हें नहीं चाहती थी ? यही ना ?

मिकी : शुरू में तो उसने यही कहा था कि वह भी मुझे चाहती है, पर बाद में उसने नरेश के साथ घूमना शुरू कर दिया। तब पता चला कि मेरे पहले वह और किसी को भी चाहती थी।

वीना : तब तो अच्छा ही हुआ कि वह तुमसे अलग हो गई। तुम तो ऐसे हो कि जिसे प्यार करोगे उस पर अपनी जान भी न्योछावर कर दोगे।

मिकी : हाँ वीना जी, नीता ने मुझे ऐसा सदमा पहुँचाया कि बस, उसके बाद मैंने तय कर लिया कि अब न तो किसी से प्यार करना है, न शादी के बारे में सोचना है।

वीना : एक सूना चौराहा, जहाँ से कोई नहीं गुज़रता। चुपचाप, उदास, अकेला...

मिकी : वीना जी, आप मेरी रग-रग को पहचान गई हैं।

वीना : लेकिन मिकी, तुम्हारा इस तरह सोचना ठीक नहीं है। सड़कें होती हैं हमारे चलने के लिए। चौराहे होते हैं रास्ते बदलने के लिए। उन पर चहल-पहल होनी चाहिए।

मिकी : अब तो सूनेपन की मुझे आदत सी हो गई है! पैंतीस साल का तो हो ही गया। और पन्द्रह-बीस साल भी निकल ही जाएँगे। उससे ज़्यादा क्या जीऊँगा ?

वीना : जितना भी जीना है, हँसी-ख़ुशी से जीना है।

मिकी : *(निराशा से)* पता नहीं। मैं तो दिल खोलकर कब हँसा था, यह भी मुझे याद नहीं।

वीना : यही तो बात है। जब तक तुम अपना सोचने का नजरिया नहीं बदलोगे, तब तक कुछ नहीं बदलेगा।

मिकी : आपने कैसे मान लिया कि मैं ही ग़लत सोचता हूँ?

वीना : देखो मिकी, मैं पिछले छह महीनों से लगभग हर रोज़ तुमसे मिलती हूँ। तुम्हारी बातें सुनती हूँ। तुम तो जानते हो कि हरेक चीज़ के दो पहलू होते हैं, जैसे सिक्के के दो पहलू। तुम्हारी आदत यह है कि तुम हमेशा ग़लत पहलू को देखते हो और उसे ही दिल में समा लेते हो। ऐसी घटनाओं की परत-पर-परत जमती जाती है और तुम ख़ुद अपने ऊपर भी विश्वास खो बैठते हो। ठीक है ना?

मिकी : हाँ वीना जी, मैंने अपने आपको कभी इतना टटोला ही नहीं। न ही अपने बारे में इतनी गहराई से कभी सोचा।

वीना : तो अब सोचो मिकी! सदियों से जिस गुफा में सूरज की एक किरण भी दाख़िल नहीं हुई वहाँ एक छोटी-सी मोमबत्ती प्रकाश फैला देती है। सदियों का अँधेरा दूर कर देती है।

मिकी : वीना जी आपकी बातों से मेरी हिम्मत बँध रही है। आप ठीक कहती हैं। मैं भीतर से खोखला हो गया हूँ। अपने पैरों पर खड़ा भी नहीं हो पाता।

वीना : नहीं मिकी, तुम ग़लत सोच रहे हो। तुम्हारे भीतर कई शक्तियाँ सोई पड़ी हैं। तुम्हें उन्हें जगाना है। उस अँधेरी गुफा की तरह, अपने भीतर मोमबत्ती जलानी है।

मिकी : वह कैसे?

वीना : आज तुम मुझे एक वचन दो।

मिकी : कैसा वचन?

वीना : कि आज से तुम हर व्यक्ति का, हर घटना का, हर परिस्थिति का सही पहलू ही देखोगे। बोलो, दोगे वचन?

मिकी : लेकिन...

वीना : लेकिन-वेकिन कुछ नहीं।

मिकी : जी, मैं वचन देने के लिए मना नहीं कर रहा, पर मुझे अपने आप पर ही भरोसा नहीं है।

वीना : क्या मतलब?

मिकी : यही कि क्या मुझमें इतनी अक्ल भी है कि मैं सही और ग़लत का भेद जान सकूँ?

वीना : पहले तो तुम वचन दो। उसके बाद मैं तुम्हें पहलुओं को पहचानने का नुस्ख़ा सिखाऊँगी।

मिकी : ठीक है। वचन देता हूँ।

वीना : यूँ नहीं। हाथ मिलाकर।

मिकी : ये लीजिए।

(हलकी-सी ताली बजती है, दोनों थोड़ा सा हँसते हैं।)

(नीता और नरेश आते हैं)

नीता : वाह मिकी, फिर कोई नया वादा कर रहे हो क्या?

वीना : कोई पुराना वादा भी था क्या?

नीता : *(झेंपकर)* नहीं-नहीं, मैं तो यूँ ही मज़ाक कर रही थी।

नरेश : आप लोग अब तक वही एक मसाला दोसे को लेकर बैठे हैं? क्या बात है? भूख ही नहीं है क्या?

नीता : मिकी का पेट तो बातों से ही भर गया होगा। वह जब बोलना शुरू करता है तब उसे कोई नहीं रोक सकता।

वीना : बातों से मन भरता है, दिल भरता है। पेट को तो खाना ही चाहिए। क्यों मिकी?

मिकी : जी हाँ, मैं तो खा ही रहा हूँ। आइए नरेश जी, आप भी खाइए ना?

नरेश : नहीं भाई। हम तो खा चुके। अब चलते हैं। फिर कभी साथ बैठेंगे।

नीता : *(शरारती आवाज़ में)* और मिकी, कोई ख़ुश-ख़बरी हो तो ज़रूर बताना।

वीना : ख़ुश-ख़बरी का इन्तज़ार क्यों? यह लीजिए, आज ही एक सबसे बढ़िया ख़ुश-ख़बरी सुनाते हैं।

नीता-नरेश : अच्छा? सुनाइए, सुनाइए।

वीना : आज से मिकी हर व्यक्ति का, हर घटना का, हर परिस्थिति का केवल सही पहलू ही देखेगा। मिकी ने वादा किया है।

नरेश : वाह, यह तो सुख पाने का सबसे बेहतरीन नुस्ख़ा है।

वीना : क्या आप भी इस नुस्ख़े को जानते हैं?

नरेश : हाँ जी, जानता तो हूँ लेकिन उसको आज़माना बड़ा मुश्किल है।

वीना : एक बार तय कर लीजिए, फिर मुश्किल नहीं लगेगा।

नरेश : तय करने से थोड़े ही होगा?

वीना : क्यों नहीं होगा? हर काम के पीछे कोई कारण होता है। और उसका बीज विचार के रूप में हमारे मन के भीतर होता है।

मिकी : लेकिन कई काम हम बिना सोचे-समझे भी तो कर लेते हैं।

वीना : विचार और सोच-समझ, इन दोनों के बीच में अन्तर है। मिकी, विचार कभी मन की सतह पर होता है तो कभी गहराई में। सतह की चीज़ हमें दिखती है, महसूस होती है। लेकिन जो बात मन की गहराई में दुबक के पड़ी होती है उसके बारे में हमें मालूम भी नहीं होता कि वह वहाँ उस कोने में है और हम कुछ कर बैठते हैं।

नरेश : जी हाँ, और बाद में कहते हैं कि बिना सोचे-समझे कुछ कर डाला।

वीना : बिल्कुल ठीक।

नीता : ना भाई, इतनी सारी बात तो अपने पल्ले नहीं पड़ती।

वीना : शीशे में प्रतिबिम्ब तब दिखेगा जब शीशा साफ़ हो।

(मिकी और नरेश हँसते हैं।)

नीता : इसमें हँसने की क्या बात है?

नरेश : दिमाग़ में तब कुछ घुसेगा जब उसमें कूड़ा-करकट न हो।

नीता : *(रूठी हुई आवाज़ से)* हाँ-हाँ, जो मर्ज़ी में आए कह दो। लेकिन... हम तो पहले बदले हुए मिकी को देखेंगे उसके बाद

आगे की सोचेंगे। *(हँसती है)* और, मेरे ख़याल से तो मिकी बदल ही नहीं सकता। यह तो ठोस पत्थर का पुतला है।

मिकी : *(गुस्से से)* और तुम? तुम तो इस ज़िन्दगी में क्या, अगली दस ज़िन्दगियों में भी नहीं बदलोगी।

नीता : *(हँसकर)* अरे! तुम तो नाराज़ हो गए। मैं तो मज़ाक कर रही थी।

मिकी : हाँ-हाँ, मज़ाक ही करती रहो। कभी इससे, कभी उससे, कभी अपने आपसे।

वीना : यह क्या मिकी? अभी-अभी तो तुमने एक वचन दिया और इतनी जल्दी भूल गए?

मिकी : माफ़ी चाहता हूँ वीना जी।

नीता : भाई मानना पड़ेगा! मिकी ने आज तक किसी से माफ़ी नहीं माँगी। वह तो कभी ग़लती करता ही नहीं!

नरेश : अब छोड़ो भी नीता। हमें देर हो रही है। अच्छा वीना जी, फिर कभी मिलेंगे। और मिकी, आपसे तो जल्दी ही मिलेंगे। मुझे आप जैसा ही दोस्त चाहिए। ओ के बाय!

वीना : मिकी, बाय!

वीना : मिकी, तुम नीता से इतने चिढ़ते क्यों हो?

मिकी : वह लड़की है ही ऐसी। उसके लिए तो सारे रिश्ते अपना ताजमहल बनाने के काम आते हैं। मैं भी उस इमारत की एक ईंट बन चुका हूँ। मेरे पहले भी कुछ शहीद हो गए। अब यह नरेश फँसा है।

वीना : देखो मिकी, कोई भी चीज़ सौ फ़ीसदी बुरी नहीं होती। हर इनसान में कुछ तो अच्छा होता ही है।

मिकी : नहीं, मैं नहीं मानता इस बात को। नीता में कुछ भी अच्छा नहीं है।

वीना : ऐसा होता तो तुम उसे प्यार ही नहीं करते। उसकी कौन-सी बात ने तुम्हें खींचा था?

मिकी : उसकी सुन्दरता ने। *(कुछ सोचकर)* उसके भोलेपन ने। लेकिन बाद में पता चला कि भोलेपन का तो दिखावा ही था।

वीना : पर सुन्दरता तो अब भी है।

मिकी : ऐसी सुन्दरता से क्या करना है जिसके भीतर छल-कपट हो? मैं तो उससे नफ़रत करता हूँ। अब आप ही बताइए कि इस घटना का सही पहलू क्या है? मुझे किस बात पर ग़ौर करना चाहिए?

वीना : नीता ने तुम्हें यह सिखाया कि सभी सुन्दर चीज़ें अच्छी ही हों, ऐसा नहीं है। इस सबक़ के लिए तुम नीता के ऋणी हो। समझे? अगर वह तुम्हारे जीवन में नहीं आती तो तुम्हें इस बात का पता ही नहीं चलता।

मिकी : *(कुछ सोचकर)* आप ठीक कह रही हैं। पर मैं अपने आपको उसका ऋणी तो कभी नहीं मानूँगा। उसने मुझे तबाह कर दिया है। मेरे दिमाग़ को किसी काम का नहीं रखा। उसी की वजह से आज मेरा यह हाल है।

वीना : तुम्हारा यह हाल तो मिकी तुम्हारी अपनी कमज़ोरी के कारण है। तुममें इतनी भी ताक़त नहीं है कि तुम ऐसी तुच्छ घटनाओं को सह सको।

मिकी : आप इसे तुच्छ कहती हैं? मेरे लिए तो यह ज़िन्दगी और मौत का प्रश्न बन गया था।

वीना : कोई तुम्हें धोखा दे, उससे तुम्हारी आँखें खुल जाएँ, जो तुमने हमेशा बन्द कर रखी थीं, तो उसे तुम ज़िन्दगी और मौत का प्रश्न कहते हो? मैं तो उसे नई ज़िन्दगी कहती हूँ। नई साँस, नई हवा, नया नज़रिया, नई ताज़गी। क्यों मिकी?

मिकी : हँ...

वीना : दिमाग़ की खिड़की खोल दो। उसमें ताज़ी हवा और रोशनी आने दो।

मिकी : *(हँसकर)* खिड़की तो 'जाम' हो गई है।

वीना : *(हँसकर)* चलो, हम दोनों मिलकर उसे धक्का लगाएँ और खोल दें।

मिकी : ऐसा ही करना पड़ेगा। मेरे अकेले से तो कुछ भी नहीं होगा।

वेटर : आप और कुछ लेंगे या बिल ले आऊँ?

वीना : मिकी, क्या विचार है?

मिकी : मुझे कुछ नहीं चाहिए।

वीना : एक-एक कप कॉफ़ी और ले लेते हैं। चलेगी ना?

मिकी : ठीक है।

वीना : देखो भाई, बढ़िया गरम कॉफ़ी, दो कप ले आइए।

वेटर : जी, अभी लाया।

मिकी : वीना जी, अगर आप मुझे इसी तरह 'डोज़' देती रहीं तो शरीर और मन से बिल्कुल स्वस्थ हो जाऊँगा।

वीना : तुम्हें कुछ नहीं हुआ है। तुम स्वस्थ ही हो। ग़लत ख़यालों को दिमाग़ में इकट्ठा करते हो, फिर चिड़िया जैसे अपने अंडों को सेती है वैसे तुम भी उन्हें सेते हो। सालों तक सेते हो। उन अंडों से निकलता-विकलता कुछ नहीं। लेकिन तुम नन्हे बच्चों की उम्मीद में अंडों को सेनेवाली चिड़िया की तरह वहाँ से हिलते ही नहीं।

मिकी : *(हँसता है)* आपने मुझे कमाल की चिड़िया बना दिया!

वीना : लेकिन मैं चाहती हूँ कि तुम उस चिड़िया का चोला उतारो और उत्साह से थिरकते इनसान बनो।

मिकी : मैंने तो सपने देखने भी छोड़ दिए थे। मुझे तो पता ही नहीं चला कि मैं क्या से क्या बन गया हूँ!

वीना : ख़ैर, कोई बात नहीं। जब जागे, तब ही से सवेरा समझो और आगे बढ़ो।

वेटर : ये लीजिए आपकी कॉफ़ी। और कुछ?

वीना : नहीं, और कुछ नहीं। अब पन्द्रह-बीस मिनट के बाद बिल ले आना।

वेटर : ठीक है मैडम। *(जाता है)*

मिकी : वीना जी, वैसे इस वचन को निभाना बड़ा मुश्किल है।

वीना : हाँ, शुरू में तुम्हें कोशिश करनी पड़ेगी। अपने हर काम, हर बात, हर ख़याल को ग़ौर से देखना पड़ेगा। तीर को

धनुष पर लगाने से पहले सोचना पड़ता है। एक बार हाथ से छूट गया तो फिर उसे लौटाना मुश्किल है।

मिकी : सो तो है ही। लेकिन हर परिस्थिति में सही पहलू को देखने की क्षमता मुझमें है ही नहीं। तीर तो छूटते ही जाएँगे और मैं भौचक्का-सा देखता रहूँगा।

वीना : नहीं मिकी, इस बारे में यदि तुम जागरूक रहोगे तो देखना, तुम्हें अपने आपसे आश्चर्य होगा।

मिकी : आप पर मुझे पूरा भरोसा है, इसलिए आप कहती हैं तो यह प्रयोग भी कर ही लेता हूँ।

वीना : पहला क़दम उठाओगे तब तो आगे की राह भी कट जाएगी।

मिकी : ठीक है। आज से ठान लिया कि मेरी गाड़ी को पटरी पर लाना ही है। लेकिन यह बताइए कि मैं मेरी माँ को कैसे ठीक करूँ ?

वीना : लो, फिर गड़बड़ाए ? लगता है मेरी सारी बातें इस कान से घुसकर उस कान से निकल गईं। तुम्हें माँ को नहीं, अपने आपको ठीक करना है। माँ की इज़्ज़त करनी है, उनके सुख-दुख का, उनकी ख़ुशी और परेशानी का ख़याल करना है। पहले तुम अच्छे बेटे बनो फिर देखना, तुम्हें माँ भी अच्छी लगने लगेगी।

वेटर : यह लीजिए आपका बिल।

मिकी : मैं पैसे दूँगा। *(बिल छीनता है)*

वीना : पहले ढंग से कमाओ फिर दुनिया भर के बिल देते रहना।

मिकी : पन्द्रह रुपए तो दे ही सकता हूँ।

वीना : पन्द्रह क्या, पचास भी दे देना, लेकिन अपनी नियमित कमाई होने लगे तब। अब लाओ, बिल मुझे दे दो। वैसे तुम मुझसे छोटे भी हो।

मिकी : हर बात में आप जीत जाती हैं!

वीना : लेकिन बहुत ही जल्दी तुम हर बात में मुझे हरा दोगे। तुमने वचन जो दिया है। यह वचन ज़िन्दगी को जीतने

का अमोघ शस्त्र है! *(वेटर से)* यह लो भाई! बाक़ी पैसे आप रख लेना।

वेटर : शुक्रिया!

वीना : अब चलें मिकी? तुम घर जाओ। मैं किसी काम से जा रही हूँ।

मिकी : तो आप फिर कब मिलेंगी?

वीना : कल? ठीक है ना?

मिकी : जी हाँ। कहाँ मिलेंगी?

वीना : यहीं, इसी वक़्त। साथ बैठकर कॉफ़ी पीएँगे, कुछ गपशप भी करेंगे। अरे हाँ, शाम को मुझे तुम्हारे घर की ओर भी आना है। चलो देखते हैं। आज नहीं तो कल तो ज़रूर मिलेंगे। टेक केयर।

(कुर्सियाँ खिसकाकर खड़े होते हैं।)

मिकी : सुनो भाई, यहाँ फ़ोन है?

वेटर : जी हाँ, वह रहा।

मिकी : शुक्रिया।

(मिकी फ़ोन करता है। टेलीफ़ोन की घंटी बजती है।)

मिकी : हलो, माँ?

माँ : हाँ।

मिकी : माँ, मैं मिकी।

माँ : *(ग़ुस्से से)* क्या है?

मिकी : माँ, यहाँ रीगल में बहुत बढ़िया फ़िल्म लगी है। मैं तुम्हें लेने आता हूँ। तैयार हो जाओ।

माँ : मुझे कोई फ़िल्म-विल्म नहीं देखनी।

मिकी : प्लीज़ माँ, चलो ना। मैं आ रहा हूँ।

माँ : एक बार कह दिया ना! तंग मत कर।

(धड़ाम से फ़ोन रख देती है)

मिकी : हलो! हलो! अरे! फ़ोन काट दिया? *(हँसकर)* कोई बात नहीं। माँ को तो मना ही लूँगा।

(रास्ते में ट्रैफिक की आवाज़ें। घर का दरवाज़ा खोलकर)

मिकी : *(चिल्लाकर)* माँ...माँ...

माँ : *(चिढ़कर)* क्या है? क्यों चिल्ला रहा है?

मिकी : माँ, तुम्हें सिनेमा देखना तो बहुत ही अच्छा लगता है। चलो ना! आज पापा भी बाहर ही खाकर आएँगे। हम भी बाहर खा लेंगे।

माँ : यह तू बोल रहा है? वही मिकी जो सुबह इतनी बदतमीज़ी से पेश आया था?

मिकी : उसके लिए मैं शर्मिन्दा हूँ।

माँ : क्या? क्या? फिर से कहो।

मिकी : उस बदतमीज़ी के लिए मैं शर्मिन्दा हूँ। तुमसे माफ़ी चाहता हूँ।

माँ : लगता है, कोई जादू की छड़ी घूम गई है तेरे सिर के ऊपर से।

मिकी : क्यों?

माँ : इन पैंतीस सालों में तू आज पहली बार माफ़ी माँग रहा है!

मिकी : तो मेरी माफ़ी तुमने क़बूल कर ली?

माँ : मुझे तो समझ नहीं आ रहा है कि यह वही लड़का है जो सुबह इस घर से लड़कर निकला था?

मिकी : *(हँसकर)* हाँ-हाँ, माँ, मैं वही हूँ।

माँ : तुम्हारी छींकें कहाँ ग़ायब हो गईं?

मिकी : *(हँसकर)* छींकें? उन्हें तो मैं उस सूने चौराहे पर छोड़ आया हूँ।

माँ : और बिगड़ा हुआ दिमाग़?

मिकी : वह भी वहीं छूट गया।

माँ : शाबाश! तब तो तेरा नाम बदलना पड़ेगा। क्योंकि जिस मिकी को मैं जानती हूँ, वह तो ऐसा नहीं है।

मिकी : *(हँसता हुआ)* नाम में क्या रखा है माँ? शेक्सपियर ने कहा है कि 'रोज़ इज़ ए रोज़ इज़ ए रोज़!' मैं वही मिकी हूँ। यूँ समझ लो कि अब किसी काले साये से हटकर जगमगाती मशाल की रोशनी में आ गया हूँ।

माँ : क्या मैं जान सकती हूँ कि तुम्हें इस रोशनी में कौन लाया?

मिकी : अब छोड़ो उन बातों को। चलो, सिनेमा देखने चलते हैं।

माँ : कितने बजे हैं इस वक़्त?

मिकी : सिर्फ़ पाँच। हम आराम से छह बजे का शो देख सकते हैं। चलो, तैयार हो जाओ।

(दरवाज़े की घंटी बजती है और पापा खुले दरवाज़े से भीतर आ जाते हैं।)

पापा : दरवाज़ा किसने खुला छोड़ा था?

मिकी : सॉरी पापा, मैंने।

पापा : सॉरी? तुम कब से सॉरी कहने लगे?

मिकी : *(हँसकर)* बस, यूँ समझिए कि आज से ही।

पापा : आज कोई ख़ास दिन है क्या? लगता है, सूरज पश्चिम से निकला है और दिन में तारे निकल आए हैं!

माँ : *(हँसकर)* आज ज़रूर कुछ हुआ तो है, पर यह बता नहीं रहा।

मिकी : अब छोड़िए भी। पापा, आप तो डिनर के बाद आ रहे थे। जल्दी कैसे आ गए?

पापा : हमारा डिनर तो कैंसल हो गया। बाज़ार से पनीर ले आया हूँ। पनीर के पकौड़े खाने का मन कर रहा है।

माँ : तुम्हारे मन को तो हमेशा पर लगे होते हैं। कभी इधर उड़ा तो कभी उधर। रसोई की गरमी में खड़ा तो मुझे रहना पड़ता है।

मिकी : आओ माँ, मैं तुम्हारा हाथ बँटाता हूँ।

पापा : क्या कहा तुमने? फिर से कहो?

मिकी : माँ बेचारी सुबह से रात तक हमारे लिए कितने काम करती है और सालों से करती आ रही है! हम थोड़ा-सा हाथ बँटा दें तो...

पापा : मुझे लगता है कि तुम पर किसी ने टोना-वोना किया है!

मिकी : *(ज़ोर से हँसता है)* हाँ पापा, किसी ने बहुत बड़ा मंत्र फूँक डाला है मेरे कानों में।

पापा : ज़रा मुझे भी सिखा दे।

मिकी : सीखने लायक तो है ही। सारी दुनिया सीख ले तो इस संसार में हर इनसान एक-दूसरे से प्यार करने लगे!

पापा : यह तेरी भाषा नहीं है मिकी! किसी फ़िल्म के 'डायलॉग।' तो नहीं बोल रहा?

मिकी : नहीं पापा। लेकिन अब इस बात को मैं अपनी रग-रग में समाने की कोशिश कर रहा हूँ।

माँ : लेकिन वह बात है क्या?

मिकी : बात तो छोटी-सी है। मैंने आज ही सीखी है। हर चीज़ का, चाहे वह इनसान हो, घटना हो या परिस्थिति, उसका सही पहलू देखो और दूसरों को दोष देने के बजाय अपने आपको सुधारने की कोशिश करो।

पापा : यह बात तो आज से हज़ारों साल पहले हमारे शास्त्रों में लिखी गई थी। पर उसे पढ़ता कौन है?

माँ : और जिसने पढ़ भी लिया, वह उसे अपने पर लागू भी कहाँ करता है?

पापा : सचमुच, इस एक बात को अपने भीतर ले लें तो ज़िन्दगी का हर क्षण ख़ुशी भरा हो जाए। अरे! इन बातों में मेरे पकौड़े मत भूलना!

मिकी : चलो माँ, रसोई में। पापा, गरमागरम पकौड़े अभी हाज़िर हुए समझो।

(टेलीफ़ोन की घंटी बजती है।)

पापा : टेलीफ़ोन उठाओ मिकी, तुम्हारा ही होगा।

मिकी : हलो।

नरेश : हलो, मैं नरेश बोल रहा हूँ। हम आज ही मिले थे।

मिकी : हाँ–हाँ, बताइए। कैसे याद किया?

नरेश : नीता और मैं आपके पड़ोस में किसी से मिलने आए हैं। आज की बातों के बाद आपसे मिलने का मन कर रहा है। क्या हम थोड़ी देर के लिए आ जाएँ?

मिकी : यू आर वेलकम सर! ज़रूर आइए।

नरेश : तो अभी पाँच मिनट में पहुँच रहे हैं।

मिकी : ओ के।

(फ़ोन रखता है)

पापा : किसका फ़ोन था?

मिकी : नरेश का।

माँ : कौन नरेश!

मिकी : नीता का पति।

पापा : वही, तेरी वाली नीता?

मिकी : हाँ।

माँ : उस चुड़ैल की हिम्मत कैसे हुई यहाँ तक आने की?

मिकी : क्यों ऐसा बोलती हो माँ? जो हो गया सो हो गया। उसी को लेकर ज़िन्दगी भर रोते रहेंगे क्या?

माँ : मुझे उस लड़की की सूरत से, उसके नाम तक से नफ़रत है। उसी ने तेरी ज़िन्दगी तबाह कर दी है।

मिकी : *(समझाता हुआ)* मेरी ज़िन्दगी को कुछ नहीं हुआ है माँ। अच्छा–बुरा वक़्त तो सभी की ज़िन्दगी में आता है। जो हो गया सो हो गया।

पापा : तू वाकई बदल गया है मिकी।

मिकी : अभी तो बदलने की कोशिश ही कर रहा हूँ पापा। देखो माँ, नीता ने भी मुझे कई सबक़ सिखाए हैं जो मुझे भविष्य में बहुत ही काम आएँगे।

माँ : तेरे दिमाग़ को उसने खोखला कर दिया, तेरी सेहत का सत्यानाश हो गया! ये बातें क्या भुलाई जा सकती हैं?

मिकी : दिमाग़ में भूसा ही तो भरा था। दीमक उसे खा गई। अब वह साफ़ हो गया। *(हँसकर)* उसके भीतर अब अच्छी-अच्छी बातें रखी जा सकती हैं माँ।

(दरवाज़े की घंटी बजती है)

पापा : वह लोग आ गए।

मिकी : देखो माँ, हम अपने मेहमानों का जिस प्यार और आदर से स्वागत करते हैं वैसा ही उनके साथ भी होगा। ओ के?

माँ : ठीक है, ठीक है। कोशिश करूँगी। अब जा, दरवाज़ा खोल।

(दरवाज़ा खोलता है)

नरेश : हलो मिकी! सॉरी, हम ऐसे अचानक आ धमके!

मिकी : नहीं-नहीं, ऐसी कोई बात नहीं है। आ जाओ। आओ नीता।

नीता : *(सहमी हुई)* हलो मिकी!

पापा : आइए, आइए।

मिकी : ये हैं मेरे पापा और माँ। और ये हैं...नीता को तो आप जानते हैं, और ये उसके पति नरेश।

नरेश : असल में हुआ यह कि आज थोड़ी देर के लिए मिकी से मुलाक़ात हो गई थी। तब एकाध बात इतनी बढ़िया हुई कि तब से मिकी ही मेरे दिमाग़ पर सवार था।

मिकी : *(हँसकर)* ओह! आय एम लकी! सवारी भी की तो आपके दिमाग़ पर!

नरेश : अब ये आप-आप छोड़ो मिकी। हम दोनों एक ही उमर के दोस्त हैं। हम लोगों के बीच तकल्लुफ़ होना ही नहीं चाहिए।

मिकी : जी हाँ, बिल्कुल ठीक कहा।

माँ : नीता बेटा, क्या लोगी? चाय, कॉफ़ी, ठंडा?

नीता : *(सहमी-सी)* कुछ नहीं, कुछ नहीं।

पापा : अरे, शादी के बाद पहली बार घर आई हो। कुछ तो लेना ही पड़ेगा।

नरेश : अभी-अभी बहुत-कुछ खा-पीकर आ रहे हैं।

माँ : ठीक है, मीठा मुँह करने के लिए थोड़ी-सी बर्फ़ी ही खा लो।

नीता : जी, ठीक है।

नरेश : हाँ मिकी, आज हम अपने आपको बदलने की बात कर रहे थे। क्यों?

मिकी : हाँ नरेश, कल तक मुझे लगता था कि हर इनसान जो है सो है, वह बदल ही नहीं सकता। लेकिन आज लगता है कि वह बदलने की ठान ले तो अवश्य बदल सकता है।

पापा : सबसे पहली बात है सोचने का ढंग बदलने की।

मिकी : वही तो बदलाव की नींव है।

नीता : क्या तुमने सचमुच अपने सोचने का ढंग बदल दिया है मिकी?

मिकी : हाँ नीता, आज से ही। आज़माकर देखो।

नरेश : यह बताओ मिकी, तुम इतने दिनों से अपने शरीर और मन को ढीला करके घर पर बैठे हो, इस बात का तुम्हें अफ़सोस नहीं होता?

पापा : हाँ मिकी, नरेश की इस बात का सही पहलू क्या है?

मिकी : अगर रात न हो तो दिन का महत्त्व नहीं रहता। बीमारी न हो तो तन्दुरुस्ती का महत्त्व नहीं मालूम होता। अच्छा ही हुआ कि मैं इस हादसे से गुज़रा। अब सही ज़िन्दगी का मज़ा ले पाऊँगा।

माँ : बात तो अक्ल की करता है तू! अब यह बता मिकी, राकेश के बेटे और बीवी को तूने इस कदर अपना लिया है जैसे वे तेरे अपने हों। हमसे भी वे तेरे लिए कुछ ज़्यादा ही हैं।

नीता : तू उससे शादी क्यों नहीं कर लेता?

माँ : इसे शादी करनी हो तो मैं अच्छी से अच्छी लड़की ला दूँ।

नरेश : ख़ैर, वह बातें तो आप बाद में तय कर लेना। यहाँ तो प्रश्न यह है कि सारी दुनिया कहती है कि वे तुम्हारा फ़ायदा उठा रहे हैं। तुमसे तरह-तरह के काम करवा रहे हैं। इसका सही पहलू क्या है?

मिकी : उनका काम करके मुझे ख़ुशी तो मिलती ही है, साथ-साथ बहुत-कुछ सीखने को मिलता है। उनके लिए मैं कोर्ट-कचहरी के, सरकारी दफ़्तरों के, बैंकों और स्कूलों के चक्कर लगाता हूँ। राकेश की बीवी कुछ कमा सके इसके लिए तरह-तरह के काम ढूँढ़ता हूँ। इस सबसे मुझे इतने सारे अनुभव हुए हैं कि अब तो मैं कोर्ट-कचहरी और सरकारी दफ़्तरों की कार्रवाई का 'एक्सपर्ट' बन गया हूँ।

(सभी हँसते हैं)

माँ : और वह बेटा तुम्हें 'पापा' कहने लगेगा तो समाज के सामने तुम्हें शर्म नहीं आएगी?

मिकी : यह तो मेरा सौभाग्य हुआ कि मुझे 'पिता' का दर्जा दिया जाए। कितनी ख़ुशी की बात होगी!

नरेश : अब एक अजीब सा सवाल पूछता हूँ। इसका सही पहलू बता दो तो मान जाऊँगा कि तुम्हारी गाड़ी सचमुच ही पटरी पर आ गई है!

मिकी : पूछो।

नरेश : इस घर में एक ही खिड़की है। चार-पाँच खिड़कियाँ क्यों नहीं?

नीता : *(ख़ुश होकर)* बहुत अच्छा सवाल पूछा तुमने, नरेश!

पापा : हाँ मिकी, यह तो अफ़सोस करनेवाली ही बात है। अब इसका दूसरा पहलू कहाँ से लाओगे?

मिकी : देखिए ना, एक ही खिड़की है जिसके सामने इतना सुन्दर बग़ीचा है, रंग-बिरंगे फूल हैं। मन ख़ुश हो जाता है। चार-पाँच खिड़कियाँ होतीं तो दूसरी से पड़ोसी झाँकते, तीसरे से पीछे का गन्दा नाला दिखता, चौथी से...

नरेश : *(तालियाँ बजाकर हँसता हुआ)* बस, बस, बस, बस— भाई, मान गए तुम्हें!

(सभी ज़ोर से हँस पड़ते हैं।)

नीता : माता जी, अब मिकी का रुख़ बदला ही है तो शायद वह शादी भी कर लेगा।

नरेश : सच मिकी?

मिकी : हाँ, उसके बारे में सोच सकता हूँ।

माँ : शाबाश बेटे! इतने दिनों तक मिकी ने उस विचार पर ताला लगा दिया था।

नरेश : *(हँसता हुआ)* और उसकी चाबी खो गई थी।

पापा : अब चाबी मिकी के हाथ में है।

माँ : वह चाबी मुझे दे दे तो मैं कहीं बात पक्की कर लूँ।

मिकी : हाँ माँ, ज़रूर दूँगा लेकिन उससे तुम पहले अपने ताले भी खोलोगी।

माँ : क्या मतलब?

पापा : मैं बताता हूँ। मिकी राकेश की बीवी को अपनाना चाहता है। सच है ना मिकी?

नरेश : तो अच्छा ही है। माता जी, आप भी मान जाइए।

माँ : क्या मिकी? पापा जो कह रहे हैं वह सच है?

मिकी : *(झिझकता हुआ)* वैसे मुझे कोई जल्दी नहीं है।

नरेश : पैंतीस का तो हो गया! पचपन में जाकर शादी करेगा क्या?

(सभी हँसते हैं)

माँ : तो मैं राकेश की माँ से बात करूँ?

नरेश : यानी आपने तो ताला खोल ही डाला!

माँ : अब बेटा बदल रहा है तो मुझे क्या पागल कुत्ते ने काटा है?

(दरवाज़े की घंटी बजती है)

पापा : देखो तो मिकी ? इस ख़ुशी के मौक़े पर और कौन शामिल हो रहा है ?

मिकी : अरे ! वीना जी आप ? आइए–आइए।

वीना : अरे वाह, यहाँ तो मेला लगा है। ख़ुशी के फव्वारे उड़ रहे हैं। भई, हमें भी कुछ बताइए !

नरेश : मिकी ने तो दुनिया ही पलट डाली है।

मिकी : मैंने नहीं, वीना जी ने।

पापा : वह कैसे ?

मिकी : आप लोग सुबह कह रहे थे ना कि मेरे सिर पर किसी ने जादू की छड़ी फेर दी है !

माँ : हाँ–हाँ। मैंने ही तो कहा था।

मिकी : तो वह जादूगरनी हैं यह वीना जी।

सभी : अच्छा ? ओह ! रियली ?

वीना : नहीं–नहीं, ऐसी कोई बात नहीं है। मैं तो मिकी को जीने का नया तरीक़ा बता रही थी। उसने बात मान ली !

माँ : आपकी तो हर बात मानता है।

वीना : यह मेरा सौभाग्य है।

मिकी : और मेरा भी !

पापा–माँ : और हमारा भी !

वीना : अब तो चौराहे पर चहल–पहल शुरू हो गई।

(सभी हँसते हैं)

❑❑❑